Praxis der Sprachtherapie und Sprachheilpädagogik

Band 9

Herausgegeben von Prof. Dr. Manfred Grohnfeldt,
Ludwig-Maximilians-Universität, München

Hildegard Kaiser-Mantel

Unterstützte Kommunikation in der Sprachtherapie

Bausteine für die Arbeit mit Kindern und Jugendlichen

Mit 46 Abbildungen und 3 Tabellen

Hildegard Kaiser-Mantel ist akademische Sprachtherapeutin mit eigener Praxis in Großhesselohe bei München.

Hinweis
Die Wiedergabe von Gebrauchsnamen, Handelsnamen, Warenbezeichnungen usw. in diesem Werk berechtigt auch ohne besondere Kennzeichnungen nicht zu der Annahme, dass solche Namen im Sinne der Warenzeichen- und Markenschutz-Gesetzgebung als frei zu betrachten wären und daher von jedermann benutzt werden dürften.

Bibliografische Information der Deutschen Nationalbibliothek

Die Deutsche Nationalbibliothek verzeichnet diese Publikation in der Deutschen Nationalbibliografie; detaillierte bibliografische Daten sind im Internet über <http://dnb.d-nb.de> abrufbar.
ISBN 978-3-497-02263-2 (Print)
ISBN 978-3-497-60080-9 (E-Book)

© 2012 by Ernst Reinhardt, GmbH & Co KG, Verlag, München

Dieses Werk, einschließlich aller seiner Teile, ist urheberrechtlich geschützt. Jede Verwertung außerhalb der engen Grenzen des Urheberrechtsgesetzes ist ohne schriftliche Zustimmung der Ernst Reinhardt GmbH & Co KG, München, unzulässig und strafbar. Das gilt insbesondere für Vervielfältigungen, Übersetzungen in andere Sprachen, Mikroverfilmungen und für die Einspeicherung und Verarbeitung in elektronischen Systemen.

Printed in Germany
Reihenkonzeption Umschlag: Oliver Linke, Hohenschäftlarn
Cover unter Verwendung eines Fotos von © Nailia Schwarz – fotolia.com
Satz: Arnold & Domnick, Leipzig

Ernst Reinhardt Verlag, Kemnatenstr. 46, D-80639 München
Net: www.reinhardt-verlag.de E-Mail: info@reinhardt-verlag.de

Inhalt

Vorwort...9

I Grundlagen

1 Unterstützte Kommunikation 12
1.1 Begriffsklärung................................... 12
1.2 Grundlegende Prinzipien 14
1.3 Ziel- und Zielgruppenbestimmung 15

2 Schnittstelle: Sprachtherapie und Unterstützte Kommunikation 19

II Bausteine der Unterstützten Kommunikation in der sprachtherapeutischen Arbeit mit Kindern

3 Kommunikationsformen.............................24
3.1 Körpereigene Kommunikationsformen 25
3.2 Körperfremde und hilfsmittelgestützte Kommunikationsformen 33
3.3 Multimodale Kommunikation 42

4 Diagnostik 43
4.1 Eine Auswahl diagnostischer Verfahren 44
4.2 Besonderheiten der Diagnostik sprachlich-kommunikativer Fähigkeiten von Kindern mit komplexen Erscheinungsbildern................................ 48

5 Sprachspezifische Verfahren mit multisensoriellem Ansatz 52

5.1 Assoziationsmethode nach McGinnis 52
5.2 Therapieverfahren PROMPT 54
5.3 Verbale Entwicklungsdyspraxie-intensiv-Therapie (VEDiT) 55

6 Spezifische Verfahren der Unterstützten Kommunikation 58

6.1 Vokabularauswahl 58
6.2 Kommunikationsbücher 67
6.3 Auswahlverfahren (Scanning) 69
6.4 Bild-Objekt-Austausch-Verfahren 75
6.5 Einsatz von Schriftsprache 81

7 Unterstützte Kommunikation und herausforderndes Verhalten 83

7.1 Begriffsklärung: Herausforderndes Verhalten 83
7.2 Aufbau basaler Kommunikationsfähigkeiten 85
7.3 Strukturierung und Visualisierung von Situation und Handlung 85
7.4 Visuelle Verhaltenspläne 88
7.5 Handzeichen als Unterstützung zur Verhaltenslenkung 94

8 Einbeziehung des Umfeldes 96

8.1 Zusammenarbeit mit den Bezugspersonen 96
8.2 Die Sprache der Kommunikationspartner 97
8.3 Notwendigkeit einer interdisziplinären Zusammenarbeit 104

9 Multimodale Verknüpfung sprachspezifischer Verfahren und Methoden aus der Unterstützten Kommunikation: Fallbeispiele 106

9.1 Verspäteter Sprachlernbeginn 107
9.2 Expressive Sprachentwicklungsstörung mit Schwerpunkt Phonologie 109

9.3	Expressive Sprachentwicklungsstörung mit Schwerpunkt Syntax-Morphologie	113
9.4	Rezeptive Sprachentwicklungsstörung	120
9.5	Kommunikationsstörung bei Autismus-Spektrum-Störung und Mutismus	121
9.6	Sprachentwicklungsstörung bei ADHS	126
9.7	Nahezu ausbleibende expressive Sprache bei neurologischen Beeinträchtigungen	128
9.8	Ausbleibende expressive Sprache bei kognitiven Beeinträchtigungen	129
9.9	Ausbleibende expressive Sprache bei motorischen Beeinträchtigungen	134
9.10	Ausbleibende expressive Sprache bei adäquaten rezeptiven, kognitiven und motorischen Fähigkeiten	136

10 Finanzierung und Praxisausstattung **139**

10.1 Anforderungsprofil einer sprachtherapeutischen Praxis....... 139

10.2 Beantragung eines Hilfsmittels............................ 142

Ausblick **146**

Literatur **147**

Bildnachweis **152**

Sachregister **154**

Hinweise

Aus Gründen der Lesbarkeit wird bei Personenbezeichnungen die männliche Form gewählt. Mit der Bezeichnung Kind werden auch Jugendliche mit komplexen Erscheinungsbildern eingeschlossen. In den Fallbeispielen sind alle Namen der Kinder geändert.

Die **zahlreichen Transkripte** der **Sprachtherapiesequenzen** zeigen folgende **Markierungen** zur Unterstützung des auditiven Inputs:

<u>unterstrichen</u> = Handzeichen (vorwiegend aus der Deutschen Gebärdensprache DGS)
fett = Laut-Handzeichen (in Anlehnung an das phonembestimmte Manualsystem PMS)
kursiv = Symbol
GROSSBUCHSTABEN = Aussage eines Sprachausgabegerätes
[…] = Sprechpause
* = Betonung

Verwendung der Icons

 Tipp

 Fallbeispiel / Beispiel

 Informationsquellen print und online

 Praxis- oder Arbeitsmaterial

 Zusatzmaterial auf http://www.reinhardt-verlag.de

Vorwort

Das vorliegende Buch hat nicht den Anspruch, einen „neuen" Therapieansatz zu entwickeln. Vielmehr sollen Interesse an den vielfältigen Methoden der Unterstützten Kommunikation geweckt und Missverständnisse aus dem Weg geräumt werden. Das, was ein Sprachtherapeut über Unterstützte Kommunikation wissen sollte, wird zusammengefasst und mit praktischen Handlungsmöglichkeiten konkret dargestellt.

Im Laufe meiner über 20-jährigen Berufserfahrung in der Sprachtherapie bei Kindern und Jugendlichen habe ich mich schrittweise dem Handlungsfeld der Unterstützten Kommunikation angenähert. Anfangs versorgte ich vorwiegend Kinder mit primären Sprachentwicklungsbeeinträchtigungen. Mit der Zeit kamen dann Kinder mit komplexen Erscheinungsbildern (z. B. genetische Syndrome, Autismus-Spektrum-Störung, körperliche Beeinträchtigung, eingeschränkte Sinneswahrnehmung) dazu, welche eine „andere" Herangehensweise erforderten. In Fortbildungen eignete ich mir nach und nach spezielle Methoden an, wie z. B. den Einsatz von Gebärden bei Hörbeeinträchtigungen und Trisomie 21, Bild-Objekt-Austausch-Verfahren bei Autismus-Spektrum-Störung und den Einsatz nicht elektronischer und elektronischer Hilfsmittel für Kinder mit ausbleibender expressiver Sprachentwicklung.

Die schrittweise Erweiterung meines Methodenrepertoires mit Prinzipien aus der Unterstützten Kommunikation zeigte, dass die jeweiligen Ansätze nicht nur auf spezielle Personengruppen bzw. Behinderungsarten anwendbar, sondern gut miteinander kombinierbar sind, auf unterschiedliche Erscheinungsbilder übertragen werden können und auch das normale Klientel, also Kinder mit primären Sprachentwicklungsstörungen, von diesen Methoden profitieren. Kinder mit Entwicklungsauffälligkeiten benötigen in der kritischen Phase der Sprachentwicklung ein ausreichendes Angebot an kommunikativen Zeichen. Je komplexer die Behinderung, desto größer ist jedoch die Notwendigkeit, Unterstützte Kommunikation einzusetzen.

Zielgruppe dieser Veröffentlichung ist die Berufsgruppe der Sprachtherapeuten, die in niedergelassenen Praxen und / oder pädagogisch-therapeutischen Einrichtungen Kinder mit primären und komplexen sprachlich-kommunikativen Erscheinungsbildern behandelt. Auch Studierenden, interessierten Eltern und pädagogischen Fachkräften soll mit diesem Buch ein Einstieg in die Thematik der Unterstützten Kommunikation geboten werden. Allgemein verständliche theoretische Ausführungen, eine Fülle von praktischen Hinweisen und Fallbeispielen sollen auch dem Laien einen Zugang zu Unterstützter Kommunikation ermöglichen.

An erster Stelle möchte ich allen Familien und ihren Kindern danken, mit denen ich die bunten Bausteine der Unterstützten Kommunikation im sprachtherapeutischen Handlungsfeld ausprobieren durfte. Außerdem danke ich Manfred Grohnfeldt, meinen Mitarbeiterinnen, Kolleginnen und Freunden. Ein besonderer Dank gebührt meinem Mann und meinen Kindern für ihre Geduld und kostbaren Impulse.

München im Juni 2012, Hildegard Kaiser-Mantel

I Grundlagen

1 Unterstützte Kommunikation

1.1 Begriffsklärung

Definition

Der Begriff **Unterstützte Kommunikation** steht als deutsche Bezeichnung für das international etablierte Fachgebiet AAC (Alternative and Augmentative Communication). Ziel ist die Verbesserung der kommunikativen Möglichkeiten von Menschen mit schwer verständlicher oder fehlender Lautsprache mittels alternativer und ergänzender Kommunikationsformen (Braun/Orth 2007, 67).

ISAAC   ISAAC (International Society for Augmentative und Alternative Communication) als zentraler, weltweit organisierter Dachverband unterstützt Menschen, welche (noch) nicht oder nur unzureichend über Lautsprache verfügen. Auf der Grundlage wissenschaftlicher Richtlinien werden Ausbildungsinhalte, Schwerpunkte für Diagnostik und Therapie, sowie Möglichkeiten zur Förderung im sozialen Alltag festgelegt.

ISAAC hat in vielen Ländern der Welt eigene Verbände, im deutschsprachigen Raum ist ISAAC-GSC (German Speaking Countries – Gesellschaft für Unterstützte Kommunikation e. V.) aktiv. Inzwischen existieren viele Regionalgruppen von ISAAC in den verschiedenen Bundesländern, Österreich und der Schweiz, die regelmäßig zu Fachtagungen und Fortbildungen einladen. Zielgruppen sind sowohl die verschiedenen Berufsgruppen mit Interesse an Unterstützter Kommunikation als auch Menschen, welche auf Unterstützte Kommunikation angewiesen sind, und deren Angehörige.

Im Internet ist der Verband unter folgender Adresse zu finden: *www.isaac-online.de*

Die Einbeziehung Unterstützter Kommunikation in die sprachtherapeutische Arbeit setzt eine umfassende Definition von „Kommunikation" und „Sprache" voraus.

Definition

„**Communication** is any act by which one person gives to or receives from another information about that person's needs, desires, perceptions, knowledge, or effective states. Communication may be intentional or unintentional, may involve conventional or unconventional signals, may take linguistic or nonlinguistic forms, and may occur through spoken or other modes" (American Speech-Language-Hearing Association 1992, 3).

Kommunikation ist ein zwischenmenschlicher Austausch von Informationen, der mit Hilfe verbaler und nonverbaler Zeichen stattfinden kann. Sie liegt im Wesen des Menschen begründet und impliziert nicht zwingend einen absichtsvollen, willentlich gerichteten Vorgang.

Selbst kleinste Veränderungen im Verhalten und minimale Regungen können vom Kommunikationspartner wahrgenommen werden, um darauf aufbauend eine Gemeinsamkeit zu gestalten. Diese Annahme ist gerade für die Therapie von Kindern mit (noch) wenig entwickelter Lautsprache von großer Bedeutung. Der Therapeut und die Bezugspersonen müssen sich für diese kleinsten Zeichen sensibilisieren.

kleinste Zeichen sehen

Definition

„Mit **Sprache** bezeichnen wir Kommunikationssysteme, die auf festgelegten Symbolen beruhen. Gleich ob es sich dabei um Gebärden, gesprochene bzw. geschriebene Wörter oder andere optische Zeichen handelt, repräsentieren diese Symbole nicht nur Dinge oder Handlungen, sondern ermöglichen auch Beziehungen, zeitliche Ordnungen und Abfolgen darzustellen, kontextunabhängige Mitteilungen zu machen und Fragen zu stellen sowie eigene und fremde Handlungen zu reflektieren. Dazu ist nötig, die besonderen Regeln des spezifischen Sprachsystems zu lernen" (Wilken 2002, 36).

Sprache kann nicht alleine auf Lautsprache reduziert werden, sondern ist ein differenziertes Symbolsystem, mit dem es möglich ist, grammatikalisch vollständige Äußerungen zu bilden, zeitliche und kausale Beziehungen herzustellen und situationsunabhängige Mitteilungen zu machen (Wilken 2002).

Sprache ist mehr als Lautsprache

Beim Sprechen sind bestimmte motorische und kognitive Fähigkeiten notwendig, für das Kommunizieren nicht. Unterstützte Kommunikation kann als kompensatorisches Element Ausgleich schaffen und den Menschen zur Sprache bringen, wenn ihm motorische und/oder kognitive Voraussetzungen für das Sprechen ganz oder teilweise fehlen.

multimodaler Ansatz

Unterstützte Kommunikation fordert einen multimodalen Ansatz, der möglichst viele Kommunikationsformen miteinander individuell und situativ verknüpft. Es werden demnach „[…] verschiedene Kommunikationsmodi […] gleichzeitig eingesetzt bzw. einzelne und individuell ausgeprägte Modalitäten besonders unterstützt und gefördert" (Kristen 2004, 35).

Lautsprache ist in keiner Weise ausgeklammert, sondern wird durch die Vielfalt der Methoden aus der Unterstützten Kommunikation erweitert und bereichert.

1.2 Grundlegende Prinzipien

humanistisches Menschenbild

Unterstützte Kommunikation erfordert eine Grundhaltung, die die Individualität mit den jeweiligen Bedürfnissen des Menschen in den Mittelpunkt stellt, ganz gleich in welcher Funktion sie eingesetzt wird. Als Grundlage dient ein humanistisches Menschenbild. Dieses impliziert eine ressourcenorientierte Denkweise, die Achtung der Menschenwürde und den festen Glauben daran, dass jeder Mensch in der Lage ist, sich zu entwickeln und zu lernen.

Grundsätze der Unterstützten Kommunikation

Daraus ergeben sich zwei Grundsätze für die Ziele sprachlicher und kommunikativer Interventionsmaßnahmen:

- das Erreichen einer größtmöglichen Selbstbestimmung und gesellschaftlichen Teilhabe und
- das Erfüllen des Grundbedürfnisses nach Kommunikation.

Internationale Klassifikation der Funktionsfähigkeit (ICF)

Diese Prinzipien entsprechen auch dem Verständnis der Internationalen Klassifikation der Funktionsfähigkeit, Behinderung und Gesundheit (ICF). Ein Kind mit Entwicklungsstörung soll möglichst genau beschrieben werden. Dabei sind die besonderen psychosozialen Bedingungen und die Umstände der Lebenssituation zu erfassen. Darauf aufbauend können Perspektiven aufgezeigt werden, die das Planen der erforderlichen und die Entwicklung von unterstützenden Maßnahmen ermöglichen. Das Bereitstellen von geeigneten Interventionsnahmen wie auch das Gestalten einer entwicklungsförderlichen Umwelt haben gleichermaßen positiven Einfluss auf die Funktionstüchtigkeit und die weitere Entwicklung (Hollenweger 2008).

Kernaussagen

Das Staatsinstitut für Schulqualität und Bildungsforschung formuliert in seiner Handreichung „Unterstützte Kommunikation (UK) in Unterricht und Schule" (2009) **10 Kernaussagen** (in Anlehnung an Braun / Baunach 2008) aus Theorie und Praxis der Unterstützten Kommunikation:

1. Unterstützte Kommunikation kann zu verstärkter Sprachentwicklung (expressiv und rezeptiv) führen.
2. Unterstützte Kommunikation ersetzt die Lautsprache nicht nur, sondern ergänzt sie.
3. Der Einsatz Unterstützter Kommunikation sollte bei Bedarf lange vor der Einschulung beginnen.
4. Unterstützte Kommunikation kann menschliche Beziehungen unterstützen.
5. Unterstützte Kommunikation mag der Umwelt ungewöhnlich erscheinen, aber Partizipation durch Kommunikation ist ein ungeheurer Vorteil.
6. Menschen mit erheblichen Entwicklungsverzögerungen können erfolgreich durch Unterstützte Kommunikation gefördert werden.
7. Interventionsmaßnahmen mit Unterstützter Kommunikation sind voraussetzungslos.
8. Unterstützte Kommunikation wird wissenschaftlich erforscht und in theoretische Bezugsrahmen gestellt.
9. Das Bereitstellen von Kommunikationsmöglichkeiten durch Unterstützte Kommunikation liegt in der Verantwortung eines jeden Kommunikationspartners.
10. Der Erwerb von Kompetenzen im Bereich der Unterstützten Kommunikation braucht Zeit und Intensität. Das gilt für alle am Kommunikationsprozess beteiligten Personen.

1.3 Ziel- und Zielgruppenbestimmung

In dem Grundlagenwerk „Praxis der Unterstützten Kommunikation" von Kristen (2004) heißt es, dass die Maßnahmen im Bereich Unterstützter Kommunikation nicht auf eine homogene Personengruppe zugeschnitten sind. Sie beziehen sich auf Menschen, die aufgrund angeborener oder erworbener Behinderungen die Lautsprache als differenziertes Ausdrucksmittel (noch) nicht oder nur unzureichend zur Verfügung haben. Bei dieser Einteilung scheinen explizit nur Menschen mit Behinderung gemeint zu sein. Spezifische Sprachentwicklungsstörungen und Kommunikationsstörungen (z. B. Mutismus) werden nicht berücksichtigt.

Eine Erweiterung der Zielgruppe für Unterstützte Kommunikation wird vorgeschlagen: Maßnahmen im Bereich der Unterstützten Kommunikation beziehen sich auf Personen, die (noch) nicht oder nur unzureichend

Erweiterung der Zielgruppe

über Lautsprache verfügen und im Laufe ihrer Entwicklung für eine bestimmte Zeit auf alternative, unterstützende und/oder ergänzende Kommunikationsmittel zusätzlich zur Lautsprache angewiesen sind.

> **Merkmale Unterstützter Kommunikation auf der Grundlage einer erweiterten Ziel- und Zielgruppenbestimmung**
>
> 1. **Maßnahmen von Unterstützter Kommunikation sind zeitlich variabel.** Sie können von Beginn, im Laufe oder nach Vollendung der Sprachentwicklung vorübergehend oder lebensbegleitend stattfinden.
> 2. **Maßnahmen von Unterstützter Kommunikation können drei unterschiedliche Funktionen haben (von Tetzchner 2006):**
>   - *expressive Funktion:* Unterstützte Kommunikation dient als expressives und dauerhaftes Ausdrucksmittel für Kinder mit sprechmotorischen Beeinträchtigungen, welche dem Lautspracherwerb entgegenwirken (z.B. Kinder mit infantiler Cerebralparese). Bei diesen Kindern sind die kognitiven Fähigkeiten und das Sprachverständnis nahezu unauffällig entwickelt.
>   - *unterstützende Funktion:* Die Methoden der Unterstützten Kommunikation können Kindern beim Erwerb und der aktiven Benutzung der Lautsprache dienen. Liegt eine rezeptive und expressive Sprachentwicklungsstörung vor, können der Therapeut und der Kommunikationspartner die Hilfestellung begleitend zu ihren verbalen Äußerungen anbieten. Dies geschieht meist nur vorübergehend, solange bis die Sprachlernmechanismen aktiviert sind. Kinder, die bereits mit Lautsprache kommunizieren, können die Hilfen zusätzlich zu ihren verbalen Ausdrucksmöglichkeiten verwenden. Dies erweist sich besonders dann als nützlich, wenn die Aussagen durch eine beeinträchtigte Sprech- und Sprachfunktion schwer verständlich sind. Verwendet ein Kind mit einer verbalen Entwicklungsdyspraxie über die Lautsprache hinaus Handzeichen und Symbole, kann es sich auch für Außenstehende klar mitteilen.
>   - *Ersatzsprach-Funktion:* Unterstützte Kommunikation dient als dauerhafter Ersatz für fehlende verbale Ausdrucksmöglichkeiten bei Sprach- und Kommunikationsstörungen im Kontext einer Intelligenzminderung und bei Kindern mit einer ausgeprägten Autismus-Spektrum-Störung. Betroffene sind sowohl im Sprachverständnis als auch in der -produktion gleichermaßen stark eingeschränkt. Sie erhalten durch die Unterstützte Kommunikation Verstehenshilfen und Ausdrucksmöglichkeiten.
> 3. **Maßnahmen von Unterstützter Kommunikation berücksichtigen Stufen der kommunikativ-pragmatischen Entwicklung (Weid-Goldschmidt 2011).** Die **Einteilung in vier kommunikative Kompetenzstufen** hilft Interaktionssituationen förderlich zu gestalten. ▼

- *Stufe 1:* Hierzu zählen Menschen mit schwersten (Mehrfach-)Behinderungen. Nach Fröhlich/Simon (2004) sind dies Menschen, die nahezu in allen „alltäglichen Verrichtungen" auf die Hilfe anderer angewiesen sind und dabei ihre Bedürfnisse oft nicht adäquat äußern können. Verschiedene Sinnesmodalitäten sind betroffen, so dass ein gegenseitiger Austausch prä-intentional und nicht-symbolisch, vorwiegend über körpereigene Kommunikationsmittel (→Kap. 3.1) möglich ist.
- *Stufe 2:* Diese Gruppe verfügt über intentionale, aber weitestgehend prä-symbolische kommunikative Kompetenzen mit eingeschränktem Sprachverständnis. Beispiele hierfür sind schwere Intelligenzminderung oder eine ausgeprägte Form des Rett-Syndroms. Im Dialog kann das vorhandene Situationsverständnis genutzt werden. Der Einsatz von Handzeichen von Seiten der Kommunikationspartner kann Verstehensleistungen fördern.
- *Stufe 3:* Menschen mit verbal-symbolischen kommunikativen Kompetenzen mit deutlicher Beeinträchtigung des Sprachgebrauchs können dieser Gruppe zugeordnet werden (z. B. weniger ausgeprägte Intelligenzminderung, Lernstörungen). Meist ist ein Ja-Nein-Konzept entwickelt, und die Sprachverständnisleistungen gehen eindeutig über den situativen Kontext hinaus.
- *Stufe 4:* Einschränkungen im motorischen Bereich bedingen Beeinträchtigungen im Gebrauch der Lautsprache (z. B. Cerebralparese, verbale Entwicklungsdyspraxie). Gerade kognitive, kommunikative und rezeptive Fähigkeiten sind nahezu unauffällig entwickelt. Diese Menschen können ihrem Alter entsprechend kommunizieren und sich mit geeigneten Hilfen nonverbal und verbal ausdrücken.

4. **Maßnahmen von Unterstützter Kommunikation verfolgen verschiedene Interventionsschwerpunkte:**
   - Förderung der kommunikativen und sprachlichen Ausdrucksformen,
   - Förderung des Sprachverständnisses,
   - Regulierung von Verhalten,
   - Vermittlung von Weltwissen und Lerninhalten.

Durch die Zielgruppenerweiterung wird Unterstützte Kommunikation ein Hilfsmittel für alle. Genauso wie es für den Einsatz von Unterstützter Kommunikation keine Mindestvoraussetzung für einen schwer sprach- und kommunikationsbeeinträchtigten Menschen (Braun/Kristen 2003) geben darf, so darf es auch keine Ausschlusskriterien für den bereits primär verbal kommunizierenden Menschen mit Störungen auf der Ebene der Lautsprache geben.

Unterstützte Kommunikation – Hilfsmittel für alle

breites Spektrum   Das breite Spektrum an Möglichkeiten der Unterstützten Kommunikation ist ein großer Gewinn für alle Menschen mit rezeptiven und/oder expressiven Beeinträchtigungen von Sprache und Kommunikation sowie deren soziales Umfeld.

Reduziert man die Unterstützte Kommunikation auf den Einsatz von Talkern und Kommunikationsmappen, schöpft man ihre vielfältigen Möglichkeiten nicht aus. Der Einsatz von Unterstützter Kommunikation wird zu einer unersetzlichen und sehr Erfolg versprechenden Grundlage für jegliches sprach- und kommunikationstherapeutische Handeln. Vermehrte Ausbildungs- und Fortbildungsmöglichkeiten im Bereich der Unterstützten Kommunikation sind hierfür unbedingt erforderlich.

2 Schnittstelle: Sprachtherapie und Unterstützte Kommunikation

Vor einiger Zeit erhielt ich einen Anruf der Mutter eines 8-jährigen körperbehinderten Mädchens mit der Frage, ob ich ihre Tochter sprachtherapeutisch betreuen könnte. Die Mutter betonte, sie wolle Sprachtherapie und nicht Unterstützte Kommunikation, da der Wunsch, dass die Tochter die Lautsprache erlerne, vordergründig sei. In der schulischen Einrichtung, die das Mädchen besuche, würden die Therapeuten nur Prinzipien der Unterstützten Kommunikation anbieten, und sie als Mutter sehe dabei das Ziel, die Lautsprache zu erlernen, aus den Augen verloren. Außerdem habe sie sich informiert und dabei erfahren, dass Sprachtherapeuten sich ausschließlich um Lautsprache bemühen und daher hoffe sie, dass sie nun bei mir an der richtigen Adresse sei und entsprechende Hilfe für Ihre Tochter erhalten könne. Solche Anfragen, die mit Skepsis und Sorge einhergehen, dass durch die Förderung mit Methoden der Unterstützten Kommunikation die Entwicklung der Lautsprache ausbleiben könnte, sind in der sprachtherapeutischen Praxis immer wieder zu beobachten.

Lautsprache als vordergründiges Ziel

Neben der strikten Trennung von Unterstützter Kommunikation und Sprachtherapie durch Angehörige erlebe ich sehr häufig, dass Kinder mit schweren Mehrfachbehinderungen gar nicht in den Genuss von Sprachtherapie kommen, weil die Kinderärzte den Bedarf an Sprachtherapie nicht sehen. Argumente wie, das Kind sei so schwer betroffen, dass andere therapeutische Interventionen vordergründig seien, das Erlernen lautsprachlicher Kompetenz zumindest zum momentanen Zeitpunkt unmöglich erscheine und dass ein Kind, welches noch gar nicht mit dem Sprechen angefangen habe, keine Sprachtherapie brauche, verhindern, dass Heilmittelverordnungen für Sprachtherapie ausgestellt werden, was eine fatale Auswirkung auf die Sprach- und Kommunikationsentwicklung der betroffenen Kinder und Jugendlichen haben kann.

kein Bedarf an Sprachtherapie?

Mit diesen einführenden Beispielen soll das schwerwiegende Dilemma der unsinnigen Fragestellung „Sprachtherapie oder Unterstützte Kommunikation?" angesprochen werden. Dieses Dilemma ist nicht nur in den Köpfen der verschiedenen Institutionen und Fachkräfte verankert, sondern auch in den Köpfen der Betroffenen und deren Bezugspersonen.

Sprachtherapie oder Unterstützte Kommunikation?

Dieses Buch möchte einen Beitrag dazu leisten, Unterstützte Kommunikation als Bestandteil der Sprachtherapie zu betrachten. Unterstützte Kommunikation darf nicht als Notnagel angesehen werden, welcher nur greift, wenn Lautsprache nicht funktioniert. Sie sollte als Methode innerhalb der Sprachtherapie betrachtet werden, um dem Kind mit (noch) eingeschränkter oder (noch) nicht vorhandener Lautsprache Kommunikation und Sprache zu ermöglichen.

Unterstützte Kommunikation – sprachtherapeutisch selten angewandt

Im Bereich der Kindersprache kann Boenisch (2008) aufzeigen, dass selbst Sprachtherapeuten, welche an Schulen für körperliche und motorische Entwicklung arbeiten, die Methoden der Unterstützten Kommunikation immer noch selten in ihr sprachtherapeutisches Methodenrepertoire einbeziehen. Auch Dupius (2005, 25) folgert aus verschiedenen Untersuchungen, „dass die Zahl der Sprachtherapeuten beschränkt ist, die in der Lage und bereit sind, sich auf dem Gebiet der Arbeit mit Menschen zu engagieren, die selbst über keine oder nur sehr wenig aktive Lautsprache verfügen".

Unterstützte Kommunikation – Gründe für zögerlichen Einsatz

Dupuis (2005) und Cumley (2006) geben folgende Gründe für die beschriebene Zurückhaltung gegenüber Unterstützter Kommunikation an:

- fehlendes Wissen bzgl. der vielfältigen Möglichkeiten durch den Einsatz Unterstützter Kommunikation,
- Bedenken von Bezugspersonen und/oder pädagogisch-therapeutischen Fachkräften, dass bei Einsatz von Methoden aus der Unterstützten Kommunikation das Kind gar nicht anfange zu sprechen – bzw. wieder ganz zu sprechen aufhöre,
- zu wenige Sprachtherapeuten mit einer Weiterbildung auf dem Gebiet der Unterstützten Kommunikation,
- zu wenig spezifische Ausbildungsinhalte in Aus-, Fort- und Weiterbildungsangeboten aus dem Bereich der Unterstützten Kommunikation,
- Technikscheue auf Seiten der Sprachtherapeuten, da Unterstützte Kommunikation auch in Verbindung mit elektronischen Hilfsmitteln steht,
- mangelnde Argumentationsgrundlage für die Elternberatung, bei der Unterstützte Kommunikation als Teil des Interventionsplanes überzeugend dargestellt werden muss,
- fehlende Ausstattung der niedergelassenen Praxen mit Materialien aus der Unterstützten Kommunikation,
- fehlendes Wissen der Ärzte darüber, dass sich ein Sprachtherapeut nicht nur mit Lautsprache beschäftigt, und daher keine Überweisung an den Sprachtherapeuten vorschlägt,
- unzureichender Bekanntheitsgrad der Arbeitsgebiete der Sprachtherapeuten bei potenziellen Nutzern der Unterstützten Kommunikation und deren Angehörigen,
- organisatorische und verwaltungstechnische Barrieren.

Dass die Unterstützte Kommunikation aber gänzlich mit den Grundannahmen und Zielen der Sprachtherapie und Sprachheilpädagogik übereinstimmt, spiegelt sich in folgender Definition von Maihack (2004) wieder.

Definition von Sprachtherapie

Definition

Er sieht **Sprachtherapie** als „eine auf der Grundlage differenzierter diagnostischer Verfahren und vorhandenem spezifischen Fachwissen inszenierte Sprach-, Sprech- und Vermittlungssituation zwischen einem Experten für Sprache, Sprechen, Stimme, Schlucken und Hören (und deren pathogenen und kommunikativen Störungen) sowie einem Klienten/Patienten. Diese Kommunikationssituation wird geplant und gestaltet unter Anwendung möglichst evaluierter Therapiemethoden, sprach-, sprech-, stimm-, schluck-, hörstörungsspezifisch und unter Beachtung inter- und intrapersoneller Gegebenheiten des sprachauffälligen oder von Sprachauffälligkeiten bedrohten Menschen unter Einbeziehung seiner primären Kommunikationspartner. Ziel dieser individuumsbezogenen Arbeit [...] ist Habilitation, Rehabilitation, Integration, sowie Partizipation am sozialen und kulturellen Leben des vorübergehend oder dauerhaft sprachbeeinträchtigten Menschen."

Die Ansicht, dass sprachtherapeutisches Handeln lediglich aus sprechanbahnenden Techniken besteht, muss aus den Köpfen verschwinden. Die Arbeitsfelder der Sprachtherapie sind vielschichtiger. Es bestehen zahlreiche Parallelen zum Handlungsfeld und der Zielsetzung der Unterstützten Kommunikation. Sprachtherapie geht über die Arbeit am Individuum hinaus – sie bezieht das gesamte soziale Umfeld mit ein (Dupuis 2009; Giel / Liehs 2010).

Vielschichtigkeit sprachtherapeutischen Handelns

Sprachtherapie und Unterstützte Kommunikation dürfen nicht als zwei voneinander getrennte Bereiche angesehen werden.

Der Einsatz Unterstützter Kommunikation schafft wichtige Voraussetzungen für den Spracherwerb und die Individualentwicklung des Kindes. Die Unterstützte Kommunikation benötigt das Wissen der Sprachtherapeuten über Spracherwerbsmechanismen, denn nur auf der Basis eines fundierten Verständnisses des Spracherwerbs werden Grobziele in kleinste Teilschritte zerlegt und systematisch aufeinander abgestimmt.

Auftrag der Sprachtherapie und Unterstützten Kommunikation ist es, den *Menschen zur Sprache zu bringen*. Gemeinsam mit dem (noch) nicht oder kaum über Lautsprache verfügenden Kind müssen Wege in die Sprache und aus der Sprachlosigkeit gefunden werden. Sprachliche Kompetenz im weiten Sinne impliziert die Summe verbaler und nonverbaler Funktionen. Motsch spricht bereits 1996 von der Entwicklung der Sprachübungs-

Auftrag von Sprachtherapie und Unterstützter Kommunikation behandlung zur Kommunikationstherapie innerhalb des Handlungsfeldes der Sprachtherapie. Auch Grohnfeldt (2007, 308) betont, dass parallel zum lautsprachlichen Angebot „die Veränderung der kommunikativen Situation" eine wichtige Zielsetzung der Sprachtherapie ist.

Abbildung 1 verdeutlicht die Gemeinsamkeiten der drei Bereiche Sprachtherapie, Sprachheilpädagogik und Unterstützte Kommunikation, benennt die Bezugsdisziplinen und weist auf den interdisziplinären Charakter der Arbeit am sprach- und kommunikationsbeeinträchtigten Kind hin.

Gemeinsamkeit: Sprachtherapie, Sprachheilpädagogik, Unterstützte Kommunikation

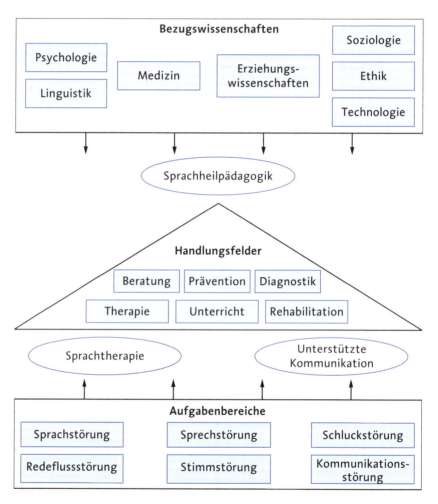

Abb. 1: Überschneidungen der Bereiche Sprachtherapie, Sprachheilpädagogik und Unterstützte Kommunikation hinsichtlich Bezugswissenschaften, Handlungsfeldern und Aufgabenbereichen (in Anlehnung an Renner 2004, 105 f; Grohnfeldt 2007, 308 f)

II Bausteine der Unterstützten Kommunikation in der sprachtherapeutischen Arbeit mit Kindern

3 Kommunikationsformen

Überblick über Kommunikationsformen

Die Formen Unterstützter Kommunikation lassen sich in zwei Kategorien aufteilen:

- körpereigene Kommunikationsformen, die vom Benutzer selbst produziert werden (Abb. 2),
- Kommunikationsformen, die auf Hilfsmittel von außen angewiesen sind (Abb. 3).

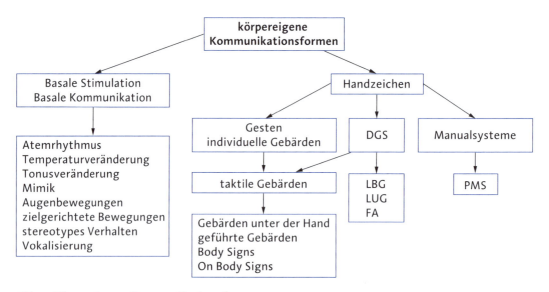

Abb. 2: Körpereigene Kommunikationsformen

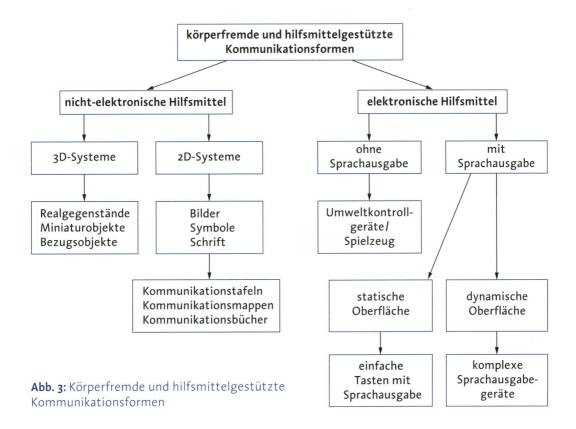

Abb. 3: Körperfremde und hilfsmittelgestützte Kommunikationsformen

3.1 Körpereigene Kommunikationsformen

Zu den körpereigenen Kommunikationsformen gehören alle Ausdrucksformen, die ausschließlich mit Hilfe des eigenen Körpers willkürlich und unwillkürlich vollzogen werden. Hierzu zählen:

Spektrum der körpereigenen Kommunikationsformen

- Atemrhythmus,
- vegetative Zeichen, wie Hautveränderung, Aussenden von Geruchsstoffen, Temperaturveränderungen,
- Vokalisierungen, wie Schreien, Lautieren,
- Körperspannung und Körperhaltung,
- Gestik und Mimik,
- zielgerichtete, unwillkürliche Bewegungen,
- stereotypes Verhalten.

Eine Bewegung, ein Handzeichen oder eine Gebärde kann für jeden Menschen eine bedeutungstragende Ausdrucksform darstellen. Oftmals ist es

bedeutungstragende Ausdrucksform

z. B. die Haltung des Körpers, die Auskunft über den wirklichen Inhalt der Mitteilung gibt.

intuitiver Einsatz Mimik und Gestik in individueller Ausprägung werden intuitiv eingesetzt und von den jeweiligen Gesprächspartnern oft nur unbewusst wahrgenommen. Sie begleiten in der Regel eine lautsprachliche Aussage. Der Einsatz körpereigener Kommunikationsformen ist demnach keine Methode, die speziell von Menschen mit Behinderungen genutzt wird. Im Gegenteil: Der Einsatz nonverbaler Kommunikationsformen ist ein Bestandteil der natürlichen Kommunikation aller Menschen.

Basale Stimulation, basale Kommunikation

Zunächst sollen ganzheitliche und heilpädagogische Behandlungskonzepte, wie die **Basale Stimulation** (Fröhlich / Simon 2004) und **Basale Kommunikation** (Mall 2008), überblicksmäßig beschrieben werden. Diese Ansätze liefern aufgrund ihrer basalen, grundlegenden und voraussetzungslosen Ausdrucksvarianten viele Möglichkeiten im Umgang mit Kindern mit komplexen Erscheinungsbildern.

Körpereigene Kommunikationsformen erhalten als Reaktionen dann Signalcharakter, wenn der nicht beeinträchtigte Partner diese Verhaltensweisen als ganzheitlich, kommunikativ und sinnhaftig wahrnimmt und interpretiert (Abb. 4).

Definition

Basale Stimulation versteht sich als pädagogisches Konzept und nicht als therapeutische Technik. Im Vordergrund steht der Aufbau einer gemeinsamen Beziehung und das wechselseitige sich Einlassen der Kommunikationspartner aufeinander mittels der körperlichen Begegnung durch die Anregung primärer Körper- und Bewegungserfahrungen mit einfachsten Mitteln (Fröhlich / Simon 2004).

Definition

Mit der **Basalen Kommunikation** erweitert Mall (2008) das Konzept von Fröhlich/Simon und stellt den Aspekt der Kommunikation in den Vordergrund. Alle körperlichen Verhaltensweisen werden von Mall grundsätzlich als Ausdrucksverhalten verstanden, auf das wiederum mit passendem körperlichem Verhalten sinnlich wahrnehmbar geantwortet werden soll.

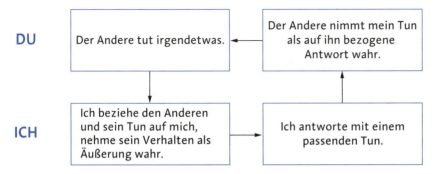

Abb. 4: Der Kreislauf primärer Kommunikation (Mall 2008, 39)

Kommunikation als Begegnungsgestaltung bietet viele Ansatzpunkte für die Arbeit mit Kindern mit komplexen Erscheinungsbildern, da hier zunächst das kindliche Tun als Ausgangsbasis für Kommunikation gesehen wird, und sich das Angebot des Kommunikationspartners sehr feinfühlig darauf bezieht. Ziel ist es, auch nur kleinste Signale des Kindes abzuwarten und wahrzunehmen. Der Kommunikationspartner reagiert darauf angemessen, er greift die sichtbaren Zeichen auf, spiegelt und variiert diese.

Die beschriebenen Ansätze sind wertvoll und wichtig, aber auch umfangreich, so dass der interessierte Leser auf entsprechende Literatur und vor allem Fort- und Weiterbildungsmöglichkeiten hingewiesen werden soll. Eine qualifizierte Ausbildung ist Voraussetzung dafür, ein hohes Maß an Toleranz, Kontinuität und Geduld zu entwickeln, damit Reaktionen abgewartet und Zustimmung bzw. Ablehnungen von Angeboten erkannt werden können.

Kommunikation als Begegnungsgestaltung

Weiterbildung Basale Stimulation

Fröhlich, A., Simon, A. (2004): Gemeinsamkeiten entdecken. Mit schwerbehinderten Kindern kommunizieren. Verlag selbstbestimmtes Lernen, Düsseldorf

Bienstein, C., Fröhlich, A. (2010): Basale Stimulation in der Pflege. Die Grundlagen. Huber, Bern

Mall, W. (2008): Kommunikation mit schwer geistig behinderten Menschen. 6. A. Edition Schindele, Heidelberg

Hilfreiche Verbände, welche auch Weiterbildungen zum Thema Basale Stimulation und Basale Kommunikation anbieten, sind:.
Stiftung Leben pur: *www.stiftung-leben-pur.de*
Internationaler Förderverein Basaler Stimulation e.V.: *www.basale-stimulation.de*

Handzeichen

Handzeichen sind ein wichtiger Bestandteil der nonverbalen, körpereigenen Kommunikationsformen und haben sich im Bereich der Unterstützten Kommunikation fest etabliert.

Definitionen

Gesten sind ganzheitlich und transportieren Bedeutung. Sie sind in ihrer Bedeutung kontextgebunden und auf das Hier und Jetzt angewiesen. Der Gebrauch von Gesten setzt keine Entwicklung der Symbolfunktion voraus. Eine Geste steht für jede nonverbale, nonvokale Äußerung und ist gleichsam die „Begleitmusik" beim Sprechen (*www.sonderpaed-forum.de/seiten/lexikon.htm*, 18.06.2012).

Gebärden sind konventionelle körpereigene Zeichen, die vorwiegend mit den Händen gebildet werden und Laute, Buchstaben, Wörter oder ganze Phrasen repräsentieren (*www.sonderpaed-forum.de/seiten/lexikon.htm*, 18.06.2012).

Manualsysteme sind künstlich geschaffene Handzeichensysteme, um Laut-oder Schriftsprache auf Laut- bzw. Buchstabenebene zu visualisieren (*www.sonderpaed-forum.de/seiten/lexikon.htm*, 18.06.2012).

Handzeichen als übergeordneter Begriff

Im Folgenden wird der Terminus Handzeichen als übergeordneter Begriff verwendet, um der Geste, den Gebärden und den Manualsystemen eine gleichwertige Bedeutung zuzuschreiben.

Der Einsatz von Handzeichen kann unterstützend, ergänzend und anbahnend den Lautspracherwerb auf allen linguistischen Ebenen fördern (Appelbaum 2010). Die Übergänge zwischen den Funktionsbereichen sind fließend, und erst mit dem Gebrauch der Handzeichen wird sich die unterschiedliche Funktion entwickeln.

Visuelle Handzeichen

Gebärdensprachsysteme

Folgende Gebärdensprachsysteme existieren in Deutschland (Appelbaum 2010):

1. **Deutsche Gebärdensprache (DGS):** Die DGS als sog. Muttersprache der Gehörlosen stellt ein eigenständiges, linguistisches System dar. Sie entspricht grammatikalisch nicht dem Aufbau und der Satzstruktur der Lautsprache im Deutschen, da durchschnittlich zwei Informationen pro

Zeichen ausgedrückt werden. Die Kommunikationsgeschwindigkeit ist der der Lautsprache sehr ähnlich. Durch Hand- und Mundbewegungen nahezu ohne Stimmeinsatz und entsprechender Mimik entsteht ein Gesamteindruck.

Beispiele für Gebärdensammlungen der DGS:

- „Das große elektronische Wörterbuch der Deutschen Gebärdensprache" von Kestner (2011) umfasst 18.000 Wörter mit Gebärdenvideos. Mit der Einführung einer Hochsprache wird versucht, eine Einheitlichkeit innerhalb der Deutschen Gebärdensprache zu erzielen. Die CD-ROM ist zu beziehen unter *www.kestner.de*.
- „Meine Gebärdenschule" von Bunge, Rothaus, Bunge (2011) bietet mit 400 Gebärden nach DGS ein Kern- und Randvokabular mit vielen Spiel- und Übungsmöglichkeiten. Die Gebärdenschule kann unter *www.ariadne.de* bestellt werden.
- Kostenlose Zugriffe auf DGS-Gebärden findet man unter: *www.sign-lang.uni-hamburg.de/alex/index.html, www.spreadthesign.com/de/, www.taubenschlag.de*.

Die Deutsche Gebärdensprache stellt mit ihrem unendlichen Wortschatz eine gleichberechtigte Sprach- und Kommunikationsmöglichkeit für Menschen dar, die aufgrund einer Sinnesbeeinträchtigung nicht oder nur unzureichend über Lautsprache verfügen.

Die Gebärden der DGS sollten demnach immer als Grundlage für die Auswahl einer Gebärde dienen. Eine Vereinfachung der Handzeichen ist durchaus legitim, wenn sie dem Verstehen und der eigenständigen Produktion dienen.

DGS als Grundlage für Gebärdenauswahl

2. **Lautsprachbegleitende Gebärden (LBG):** Die Gebärden der LBG werden aus der DGS abgeleitet. Das wichtigste Ziel der lautsprachbegleitenden Gebärden ist, die Lautsprache durch paralleles Gebärden und durchgehendem Stimmeinsatz sichtbar zu machen. Eine Art „Kunstsprache" entsteht, da das Sprechen langsamer als die Kommunikation mit DGS oder der gesprochenen Sprache erfolgt. So entsprechen die Handzeichen der LBG in ihrer Abfolge der gesprochenen Sprache, und jedes Wort wird einzeln gebärdet. LBG erleichtern das Verstehen, da sie grundsätzlich den Strukturen der deutschen Grammatik folgen. Einige Besonderheiten treten jedoch auf. Beispielsweise wird die Aussage „Ich ziehe meine Jacke aus." mit LBG als „Ich will meine Jacke ausziehen." gebärdet, um die Trennung des Verbs zu vermeiden. Die klassische Zielgruppe für das lautsprachbegleitende Gebärden sind Menschen mit Resthörvermögen, die auch die Lautsprache erlernen sollen.

Beispiel für eine LBG-Gebärdensammlung: Fürsich-Eschmann (1989): Das lautsprachbegleitende Gebärdenverfahren. PM Projektgruppe München. Deutsche Gesellschaft zur Förderung der Gehörlosen und Schwerhörigen e. V., München.

3. **Lautunterstützende Gebärden (LUG):** Auch die LUG sind ursprünglich aus der DGS abgeleitet. Ihre Komplexität wurde jedoch reduziert, indem nur bedeutungtragende Wörter und zentrale Aussagen (Schlüsselwörter) parallel zur Lautsprache gebärdet werden. Die Gewichtung liegt somit auf dem Inhaltsaspekt. Eine Grammatik mit syntaktischen und morphologischen Regeln ist nicht vorgesehen. Ein begrenzter Wortschatz und die Vereinfachung der motorischen Ausführung sind charakterisierend für Sammlungen mit lautunterstützenden Gebärden.

 Beispiele für LUG-Gebärdensammlungen:

- Wilken, E. (2005): Guk 1 – Grundwortschatz & Guk 2 – Aufbauwortschatz. Dt. Down-Syndrom-InfoCenter, Lauf an der Pegnitz. Guk-Kastensystem und DVD: *www.ds-infocenter.de*.
- Bundesverband evangelische Behindertenhilfe e. V. (2007): Schau doch meine Hände an (SchdmH). Die Sammlung ist als Ringbuch, DVD und mobile Anwendung für Apple iphone und iPod touch zu erwerben unter: *www.schau-doch-meine-haende-an.de*.

4. **Fingeralphabet (FA):** Das FA der DGS ist mit dem Alphabet der Lautsprache vergleichbar. Es ermöglicht das Buchstabieren mit den Fingern, z. B. von Eigennamen. Bestimmte Handzeichen aus dem FA können anstelle von Wörtern stehen. Ein Beispiel hierfür ist die Repräsentation der Artikel durch entsprechende Buchstabenhandzeichen: /r/ steht für „der", /i/ für „die" und /s/ für „das" (Abb. 5).

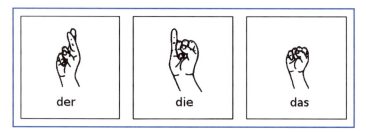

Abb. 5: Handzeichen für „der", „die", „das"

 Das Fingeralphabet steht zum Downloaden unter *www.sign-lang.uni-hamburg.de/fa/* kostenlos zur Verfügung.

5. **Phonembestimmtes Manualsystem (PMS):** Charakterisierend für das PMS ist die Bildung eines Phonems durch ein bestimmtes Handzeichen. Mit diesem Handzeichen werden die Lippen-, Kiefer- und Zungenstellung sowie der Artikulationsort sichtbar gemacht. Das PMS hat somit die Funktion einer Artikulations- und Sprechgliederungshilfe und findet vor allem Einsatz in der Artikulationstherapie. Günther (2000, 69) bezeichnet das PMS sehr treffend als „taktil-kinästhetisches" Merksystem. Das PMS hilft beim Verstehen und Ablesen der Laute, es hilft bei der Produktion, dem Nachsprechen und der Mundbildimitation und bei der Verdeutlichung von morphologischen Markierungen (z.B. Verbflexion). Es existieren über 20 verschiedene PMS-Systeme.

Eine Auflistung der verschiedenen PMS-Systeme findet man in Schäfer, H., Leis, N. (2008): Lesen und Schreiben im Handumdrehen: Lautgebärden erleichtern den Schriftspracherwerb in Förderschule und Grundschule. Ernst Reinhardt Verlag, München/Basel.

In Zusammenarbeit mit Karin Reber wurde im Januar 2012 eine PMS-Handzeichenschrift entwickelt, welche sich sowohl für Artikulationstherapie als auch zur Förderung der Schriftsprache eignet: Reber, K., Steidl, M. (2012): Anlautschriften & Co. Schriften für den Computer. Paedalogis, Weiden. *www.paedalogis.com*.

Auf der Verlagshomepage können Fotos zu diesen PMS-Lauthandzeichen in den Formaten A3 (Zusatz 1a) und A4 (Zusatz 1b) heruntergeladen werden.

Taktile Handzeichen

Definition

Das Kommunizieren über **taktile Handzeichen/taktiles Gebärden** bedeutet, dass der Empfänger einer Nachricht mit seinen Händen die gebärdensprachlichen Äußerungen des Senders erfühlt und ertastet. Der Einsatz taktiler Handzeichen richtet sich vorwiegend an Menschen mit Hörsehbeeinträchtigungen.

Im Bereich des **taktilen Gebärdens** existieren unterschiedliche Varianten: *Taktile Gebärden*

- **Gebärden unter der Hand:** Der Sprecher führt unter der Hand des Hörers das entsprechende Handzeichen aus. Ein eindeutiger Sprecher-Hörer-Wechsel setzt einen wechselseitigen Austausch in Gang. Menschen mit Hörsehbeeinträchtigungen profitieren von dieser Art der Kommunikation.

- **geführte Gebärden:** Zusammen mit den Händen des Kindes führt der Kommunikationspartner eine Gebärde aus. Für Kinder, die Schwierigkeiten haben, Handzeichen über den visuellen Kanal zu lernen, kann diese Variante eine gute Möglichkeit sein, Gebärden zu vermitteln.
- **body signs:** Handzeichen werden ohne Kontakt der Hände auf dem Körper des Partners ausgeführt.
- **on body signs:** Handzeichen werden unter den Händen des Kindes an dessen Körper ausgeführt.

Zielgruppe Es würde den Rahmen dieses Buches sprengen, die einzelnen Varianten näher zu beschreiben. Dennoch soll der Sprachtherapeut wissen, dass taktile Handzeichen durchaus auch als erste Gebärden für Kinder mit Intelligenzminderung, mit Autismus-Spektrum-Störung und mit Störungen in der Bewegungs- und Handlungsplanung geeignet sind. Gerade diese Kinder haben oft Schwierigkeiten, rein visuell angebotene Handzeichen nachzuahmen. Zudem können sie oft keine Aussagen darüber machen, was sie sehen und wie sie das Gesehene wahrnehmen und verarbeiten (Wiese / Rascher-Wolfring 2010). An dieser Stelle sei besonders betont, dass es sich bei einem taktilen Gebärden nicht um ein Festhalten der Hände des Kindes handelt, um mit diesem Gebärden und Bewegungen zu formen. Es geht immer darum, kleinste Bewegungsimpulse vom Kind wahrzunehmen, um daraus selbstständige Handlungen entstehen zu lassen.

Folgende Veröffentlichung beschreibt den Einsatz taktiler Gebärden praxisnah: Jakob, M., Pittroff, H. (2009): Taktil gebärden. Unterstützte Kommunikation 2, 17–21.

Zusammenfassung

Die Erarbeitung von Lauten mithilfe des phonembestimmten Manualsystems (PMS) kann den Aufbau eines Phoneminventars und die Lautsynthese anregen, sowie morphologische Markierungen (z.B. Verbflexionen, Kasus, Plural) verdeutlichen. Lautsprachbegleitende Gebärden (LBG) visualisieren syntaktische Bausteine (z.B. SPO-Struktur, Artikel, Präpositionen). Durch die Darstellung von Schlüsselwörtern mit Hilfe lautunterstützender Gebärden (LUG) wird der Inhaltsaspekt einer verbalen Äußerung für ein Kind verständlicher gestaltet. Der Einsatz von taktilen Handzeichen kann dem Kind mit komplexen Erscheinungsbildern eine erste Möglichkeit bieten, einen Zugang zur Kommunikation zu finden. Verschiedene Gebärdensprachsysteme und Handzeichen können und sollen miteinander verknüpft werden, um das Kind größtmöglich in seinen kommunikativen und sprachlichen Kompetenzen zu unterstützen (→Kap. 9).

3.2 Körperfremde und hilfsmittelgestützte Kommunikationsformen

Neben den körpereigenen Kommunikationsmitteln stehen körperfremde und hilfsmittelgestützte Kommunikationsformen zur Verfügung. Kommunikation entsteht somit durch das Zeigen und Auswählen von Gegenständen, tastbaren Symbolsystemen, grafischen Bildern oder Zeichen.

Nicht-elektronische Kommunikationsformen

Nicht-elektronische Kommunikationsformen lassen sich in zwei Bereiche aufteilen:

- dreidimensionale, tastbare Symbolsysteme (3D-Systeme),
- zweidimensionale, grafisch-visuelle Systeme (2D-Systeme).

Dreidimensionale, tastbare Symbolsysteme

Dreidimensionale, tastbare Symbolsysteme eignen sich für Kinder, welche abstraktere Zeichensysteme, wie Handzeichen und Symbole, (noch) nicht verstehen und selber anwenden können.

Die Entwicklung eines Symbolverständnisses wird durch das Anbieten von Realgegenständen, Miniaturobjekten und Bezugsobjekten schrittweise angebahnt (Cox 2005).

Das „Begreifen" von Gegenständen geschieht über das konkrete Greifen mit den Händen. Wildegger-Lack (2011) schlägt vor, dass Therapieinhalte bei kleineren Kindern mit gravierenden Sprachentwicklungsstörungen vorrangig mit konkreten Realgegenständen vermittelt werden sollten. Hierbei kann zwischen Miniatur- und Bezugsobjekten unterschieden werden.

Miniaturobjekte oder Modelle von realen Gegenständen weisen auf bestimmte Realgegenstände, Ereignisse oder Inhalte hin. So kann eine Brezel aus Plastik für den Begriff „Brezel" stehen und in Verbindung mit einer echten Brezel gebracht werden.

schrittweise Anbahnung des Symbolverständnisses

Realgegenstände

Miniaturobjekte

Sebastian (S), 4;4 Jahre mit schwerer Intelligenzminderung, isst sehr gerne Brezeln. Eine Dose mit echten Brezeln steht bereit. Der Therapeut (Th) zeigt S eine kleine Brezel aus Plastik: „Du darfst eine Brezel essen. Nimm dir die ▼

Brezel!" S nimmt sich die Brezel aus der Dose und Th zeigt S erneut die kleine Brezel aus Plastik, damit S eine Verbindung zwischen seiner echten Brezel und der Plastikbrezel herstellen kann. Zu einem späteren Zeitpunkt kann dann das Auswählen von Lebensmitteln durch ein gezieltes Greifen erfolgen. Th zeigt S eine Plastikbrezel und einen Plastikapfel: „Was willst du essen? Brezel oder Apfel? Nimm's dir!" S greift nach der Plastikbrezel und bekommt daraufhin seine echte Brezel.

Das Zuhören fällt leichter

Mit Miniaturgegenständen können auch Inhalte einer Geschichte spannender und vor allem verständlicher dargestellt werden. Kinder mit Aufmerksamkeitsproblemen und Sprachverständnisschwierigkeiten können so leichter zuhören, Inhalte besser zuordnen und zeigen folglich mehr Freude und Interesse bei der Darbietung verbalen Inputs.

Hasenkind isst Karotten: Th erzählt eine freie Geschichte vom Hasenkind, das immer Karotten essen musste. Th: „Es war einmal eine Hasenmama und ein Hasenkind." Th holt zwei verschieden große Plastik-Hasen hervor. „Der kleine Hase musste jeden Tag Karotten essen. Am Morgen ein Stück, am Mittag ein Stück, am Abend ein Stück." Th bricht jeweils ein Stück einer echten Karotte ab und gibt sie dem Hasenkind zu essen. [...] Eine spannende Geschichte folgt.

Bezugsobjekte

Bezugsobjekte sind Objekte, die auf ein bestimmtes Ereignis, eine Person oder eine Tätigkeit hinweisen. So können z. B. die Bezugspersonen und pädagogischen Fachkräfte eindeutige Erkennungszeichen tragen, wie einen besonderen Armreif oder einen Ohrring. Der Rucksack, der an den Stuhl gehängt wird, kann stellvertretend für die bevorstehende Heimfahrt dienen, oder der Schwimmanzug kann ein Hinweis auf den bald folgenden Schwimmbadbesuch sein.

zeitnah am Geschehen

Anfänglich werden die Bezugsobjekte sehr zeitnah zum Geschehen präsentiert. Sie dienen so als Strukturierungshilfe und kündigen Ereignisse an. Später können sie vom Kind selbst als Kommunikationsmittel eingesetzt werden. Bezugsobjekte dienen sowohl dem Sprachverständnis als auch der Sprachproduktion.

Schuhe als Bezugsobjekt: Die Mutter (M) von Richi (R), 3;4 Jahre mit einem ausgeprägtem klinischen Bild einer Autismus-Spektrum-Störung, zeigt R immer, bevor sie das Haus verlassen, seine Schuhe: „Schuhe. Wir gehen ▼

raus!" Dabei blickt M auf die Haustür und formt eine herkömmliche Geste für „rausgehen". Einige Wochen später bringt R selbst seine Schuhe seiner M und äußert dadurch erstmals selbstständig den Wunsch, nach draußen zu gehen.

Je sicherer das Verständnis für das jeweilige Bezugsobjekt wird, desto abstrakter kann es angeboten werden (Teile von realen Gegenständen, Miniaturobjekte, Tastbilder, Tastbuchstaben, Objekte in Verbindung mit Abbildungen). Das Symbolverständnis erweitert sich Schritt für Schritt.

Realobjekte eignen sich auch hervorragend dazu, Handzeichen für bestimmte Inhalte zu vermitteln. Besonders die sogenannten natürlichen Gebärden, wie z. B. „essen", „trinken" oder „schlafen", ergeben sich aus einer typischen Handlung heraus. Auch das konkrete Ertasten und Schälen einer Banane, das Erfühlen der Form eines Balls oder das Öffnen einer Dose weisen auf das dazugehörige Handzeichen hin. In einem sehr kleinschrittigen Vorgehen wird die Bewegung allmählich vom Objekt losgelöst, und der Kommunikationspartner bietet das Handzeichen durch physische Unterstützung an. Gerade Kinder mit Autismus-Spektrum-Störung und/oder Sinnesbeeinträchtigung profitieren sehr von dieser Vorgehensweise und erlangen dadurch oft einen Zugang zu den entsprechenden Gebärden.

Vermittlung von Gebärden durch Ertasten

Ali (A), 4;8 Jahre mit einer Intelligenzminderung und angeborener Sehstörung, fährt gerne mit seinem Bobbycar. A soll nun lernen, aus eigener Initiative heraus zu äußern, dass er Bobbycar fahren möchte. Th bewegt zunächst zusammen mit A das Lenkrad des Autos. „Auto fahren!" Th modelliert das entsprechende Handzeichen zusätzlich losgelöst vom Auto. Nach einigen Wiederholungen schiebt Th die Hände unter die Hände von A und hebt diese leicht vom Lenkrad ab. Das Handzeichen für „fahren" erfolgt nun losgelöst vom Objekt mit Hilfe taktiler Hinweise. Es bedarf wiederum vieler Wiederholungen, bis A eigenaktiv mit der Gebärde für „fahren" diese Aktivität einfordern kann.

Zweidimensionale, grafisch-visuelle Systeme

Zweidimensionale, grafisch-visuelle Systeme stellen Gegenstände, Tätigkeiten und Eigenschaften, aber auch Erfahrungen und Gefühle in Raum und Zeit bildlich dar. Symbole können in Form einzelner Symbolkarten verwendet oder in Symboltafeln und -mappen zusammengestellt werden.

Symbolformen Folgende Symbolformen stehen zur Verfügung:

- Bilder, Zeichnungen,
- Fotos,
- Piktogramme, Symbole,
- Schrift.

Beispiele für verbreitete Symbolsammlungen:

- METACOM-Symbole: *www.metacom-symbole.de*
- PCS-Symbole im Boardmaker: *www.mayer-johnson.com/boardmaker-software*
- Beispiele für Symbolsammlungen, die im Internet kostenlos heruntergeladen werden können:
  - *www.pecsforall.com/pictoselector/index_de.html*
  - *www.gpaed.de/blog/kostenlose-piktogramme-fuer-alle-situationen/*

Um auf eine Vielfalt an Symbolen zugreifen zu können, empfiehlt es sich, METACOM- und PCS-Symbole miteinander zu kombinieren.

Merkmale **Gute Symbole und Bilder sind durch folgende Merkmale charakterisiert:**

- **Eindeutigkeit:** Ein Bild sollte ohne weitere Erklärung erkennbar sein. So ist es günstig, bei Fotos den Hintergrund und Details auszublenden, wenn es z. B. um das Erkennen eines bestimmten Spielgerätes geht: Das Bild einer Schaukel sollte nur die Schaukel beinhalten und nicht auch noch das Kind, welches darauf schaukelt, die Mutter, die es anschubst oder den Sandkasten, der daneben steht.
- **Kontrastierung:** Je unsicherer ein Kind in der Zuordnung der verschiedenen Symbole ist, desto deutlicher sollte die Unterscheidbarkeit sein. So sind die Symbole für die Tätigkeit von „essen" und „trinken" sehr ähnlich. Manche Kinder können Symbole, welche verschiedene Lebensmittel darstellen, als Zeichen für „essen" bzw. einen Becher als Zeichen für „trinken" leichter zu diesen Tätigkeiten zuordnen.
- **ansprechende Form:** Kinder zeigen klare Vorlieben für bestimmte Abbildungen und können diese dann auch besser unterscheiden. Ob sich ein bestimmtes Symbolsystem für ein bestimmtes Kind eignet, muss individuell festgelegt werden. Es gibt hierfür keine Patentrezepte, und das Ausprobieren verschiedener Formen ist legitim. So kann es durchaus sein, dass klare, abstrakte Symbole vom Kind besser verstanden werden als realistische Bilder oder Fotos.

- **feste Bedeutung:** Die Verwendung der Fotokarte „Schaukel" sollte z.B. immer für das Handlungsfeld „schaukeln" eingesetzt, nicht jedoch nur allgemein für das Thema „rausgehen" verwendet werden.
- **Einheitlichkeit:** Eine einheitliche Darbietung der Symbole in verschiedenen Lebensbereichen erscheint sinnvoll, um das Kind nicht durch unterschiedliche Repräsentationen zu verwirren. So ist es für den Sprachtherapeuten wichtig nachzufragen, welche Symbole das Kind bereits zu Hause oder in der Einrichtung verwendet.
- **Anordnung:** Gerade, wenn es sich um die Einführung von abstrakten Begriffen, wie „nochmal", „fertig", „auf" … handelt, und der nachvollziehbare bildhafte Charakter wegfällt, empfiehlt es sich, große Sorgfalt auf die Anordnung der Symbole zu verwenden. Dies wird umso bedeutsamer, je größer der verwendete Wortschatz auf einer Symboltafel ist. Festgelegte motorische Muster zum Abrufen der Zeichen und regelmäßige Verknüpfungen eines Symbols mit einer Reaktion führen zu einem Symbolverständnis und einer Automatisierung. Nur auf diese Weise kann das Vokabular effektiv genutzt werden (Boenisch 2008).

Als Beispiele für grafische, nicht-elektronische Kommunikationssysteme können die Kölner Kommunikationsmaterialien von Boenisch und Sachse unter folgendem Link bezogen werden: *www.fbz-koeln.de*.

In →Kapitel 6.1 werden der Aufbau (Kern- und Randvokabular) und die Einsatzmöglichkeiten dieses Materials konkret beschrieben.

Elektronische Kommunikationsformen

Der technische Fortschritt ermöglicht immer komplexere Methoden in der Unterstützten Kommunikation, und die Auswahl der Hilfsmittel umfasst ein breites, fast unüberschaubares Angebot an elektronischen Kommunikationshilfen. Der Laie kann nur schwer die unterschiedlichen technischen und methodischen Möglichkeiten der verschiedenen Geräte beurteilen. Für Kinder mit schweren motorischen Beeinträchtigungen müssen z.B. die Möglichkeiten für die Ansteuerung der externen Kommunikationshilfen individuell angepasst werden. Hier ist ein Besuch einer Beratungsstelle zur Unterstützten Kommunikation oder einer der verschiedenen Hilfsmittelanbieter unbedingt empfehlenswert.

breites, schwer überschaubares Angebot

Der spezifische Einsatz von elektronischen Hilfsmitteln wird bislang selten in das Methodenrepertoire der Sprachtherapie aufgenommen. In den Köpfen herrscht immer noch die Meinung vor, dass der Einsatz eines elektronischen Hilfsmittels die Lautsprachentwicklung eines Kindes hemmt. Außerdem bestehen eine gewisse Angst und ein großer Respekt vor

seltene sprachtherapeutische Anwendung

dieser komplizierten Technik. Meist erst als allerletzte Möglichkeit, wenn alle anderen Interventionsmaßnahmen nicht zum Erfolg geführt haben, wird über den Einsatz eines elektronischen Hilfsmittels nachgedacht.

Unabhängigkeit, Selbstwirksamkeit, Partizipation

Gerade die Personengruppe, welche Unterstützte Kommunikation als expressives Ausdrucksmittel vorübergehend oder lebensbegleitend benötigt, ist auf differenzierte Kommunikations- und Sprachausgabegeräte angewiesen. Nur so können sie selbstständig in gewisser Unabhängigkeit zu ihrer Umwelt etwas bewirken, Kommunikation initiieren, aufrechterhalten und beenden und somit Partizipation erleben.

Im Rahmen dieses Buches werden Möglichkeiten aufgezeigt, wie auch der „technische" Laie in der Sprachtherapie elektronische Hilfsmittel zur Unterstützung der Kommunikation einsetzen kann. Eine differenzierte Beschreibung würde den Rahmen des Buches allerdings sprengen. Es wird ausdrücklich darauf hingewiesen, dass der Einsatz von elektronischen Hilfen ein großes Fachwissen impliziert und dass der Besuch von Fort- und Weiterbildungen hierzu dringend empfohlen wird.

Elektronische Hilfsmittel zur Umfeldsteuerung

selbstständige Bedienung

Umfeldkontrollgeräte dienen dazu, Geräte, Spiel- und Gebrauchsgegenstände trotz motorischer und/oder kognitiver Beeinträchtigung selbst zu bedienen. Das Wissen um Ursache- und Wirkungszusammenhänge, die durch die Kontrolle des Umfeldes sichtbar gemacht werden können, sind Grundvoraussetzungen für Kommunikation. Sie können spielerisch erworben werden. Beispiele solcher Umfeldkontrollgeräte sind:

- Netzschaltadapter, wie der **Powerlink**, ermöglichen die Bedienung elektronischer Geräte und Spielsachen, wie z. B. das selbstständige An- und Ausschalten einer Lampe, eines Föns oder einer Seifenblasenmaschine.
- Mit einem **Blattwendegerät** kann das selbstständige Umblättern einer Buchseite erfolgen.
- Zufallsgeneratoren, wie der **All-turn-it-Spinner** stehen als Würfelersatz zur Verfügung. Ein Zeiger bewegt sich auf Tastendruck nach dem Zufallsprinzip auf ein bestimmtes Feld hin. Die Felder können beliebig gestaltet werden, so dass dieses Gerät beim Auswählen von Personen, Lebensmitteln, Tätigkeiten oder Würfelaugen einen beliebten Einsatz findet.

Adaptionshilfen

Zum Bedienen der Umfeldkontrollgeräte benötigt man Schalter, die in großer Auswahl im Handel zur Verfügung stehen. Die Ansteuerung elektronischer Hilfsmittel kann individuell angepasst werden. Schalter können an unterschiedlichen Stellen angebracht werden, so dass z. B. ein Bedienen mit Hilfe unterschiedlicher Körperteile (z. B. Kopf, Fuß, Knie) möglich ist. Auch Lichtsensoren, Schalter, die auf Atemstrom oder Lidschlag reagieren, oder auch Muskelspannungssensoren, die auf die Haut geklebt werden, sind erhältlich. Mit Hilfe dieser Schalter wird ein Input an das Umfeldkontrollgerät geleitet und dieser löst die Bedienung aus. Diese Vielfalt an Schaltern bietet dem Kind, welches keine zielgerichtete Zeigegeste ausführen kann oder nicht die nötige Kraft zum Auslösen der Taste hat, eine adäquate Möglichkeit, eigenständig Geräte anzusteuern und mit entsprechenden Scanning-Verfahren (→Kap. 6.3) Optionen auszuwählen. Die motorischen Möglichkeiten sind für die Wahl der Schalter ausschlaggebend.

Elektronische Kommunikationshilfen mit Sprachausgabe

Elektronische Kommunikationsgeräte mit Sprachausgabe lassen sich in zwei Kategorien aufteilen:

- Geräte mit statischer Oberfläche und digitaler Sprache,
- Geräte mit dynamischer Oberfläche und synthetischer Sprache.

> **Beispiele für elektronische Geräte mit statischer Oberfläche und digitaler Sprache**
>
> - **BigMac** oder **BigPoint** sind einfach zu bedienende, sehr robuste Geräte, die den Abruf einer einzelnen, kurzen (ca. 20 Sek.) Äußerung erlauben, welche zuvor vom sprechenden Kommunikationspartner in Anwesenheit des Kindes aufgesprochen wird. Die aufgezeichnete sprachliche Aussage wird per Tastendruck direkt auf dem Gerät oder mit Hilfe eines externen Schalters abgespielt.
> - Geräte, wie **Little-Step-by-Step**, **iTalk 2** oder **Sequenza-Box**, ermöglichen die Wiedergabe mehrerer serieller Sprachansagen. Dadurch wird es möglich, einen Dialog zu führen. Das Kind erzählt mit Hilfe des Gerätes Satz für Satz, der Kommunikationspartner antwortet oder kommentiert verbal. So wird der Dialog in einzelne, wechselseitige Abschnitte aufgegliedert.
> Ebengenannte Geräte können mit Symbolen zusätzlich gekennzeichnet werden, so dass das Kind seine Aussage auch visuell zuordnen lernt. Mit Hilfe der Geräte können auch aufgenommene Geräusche und Musik wiedergegeben werden. Das Kind kann die gespeicherten Mitteilungen immer wieder abhören. Eine neue Aufnahme löscht die bisherigen Mitteilungen. Über den BigMac und Little-Step-by-Step ist zudem die Ansteuerung von elektronischem Spielzeug über ein spezielles Kabel möglich. ▼

- Strichcodelesegeräte, wie **B.A.Bar** oder **Anybook Reader**, ordnen digital abgespeicherte Aussagen speziellen Strichcodes zu. Die Aufnahme erfolgt über ein internes Mikrofon mit automatischer Verknüpfung mit den jeweiligen Codes. Durch Berühren des Strichcodes mit dem Gerät werden Aufnahme und Wiedergabe gesteuert. So können z. B. Einkaufslisten oder Textabschnitte in einem Bilderbuch mit Strichcodes belegt und mit dem Lesestab gesprochen werden.
- Sprachausgabegeräte mit statischem Display und mehreren Tasten sind z. B. der **Gotalk (4+, 9+, 20+), Easy Talk** oder **Super Talker**. Diese Hilfsmittel sind einfach zu bedienen. Sie verfügen über mehrere Tasten und ermöglichen somit eine Auswahl verschiedener Aussagen. Die Oberflächen werden mit Symbolen und entsprechenden Aussagen belegt. Um die verschiedenen Ebenen zu nutzen, müssen die Schablonen mit den unterschiedlichen Oberflächen manuell vom Kommunikationspartner ausgetauscht werden. Die Aussagen sind durch die auditive Rückkopplung, die der Nutzer durch das Auslösen der entsprechenden Symboltaste erhält, sehr eindeutig. Da aufgrund der relativ geringen Anzahl der Tasten keine komplexen Such- und Merkstrategien zum Abruf des Vokabulars erforderlich sind, eignen sich diese Geräte für eine beginnende Förderung mit hilfsmittelgestützten Kommunikationsformen für Kinder mit Intelligenzminderung. Das Kind muss jedoch motorisch in der Lage sein, eine eindeutige Zeigegeste auszuführen, und mit einem Finger – zumindest leicht – auf das Feld drücken können.

Merkmale von Geräten mit dynamischer Oberfläche und synthetischer Sprache

- symbol- oder schriftsprachbasierte Kommunikation,
- direkte Bedienung häufig über Touchscreen oder alternative Ansteuerung über externe Tasten,
- semantische Kodierung von Vokabular auf der Grundlage linguistischer Erkenntnisse,
- individuelle Erweiterung der einzelnen Seiten durch eine große systemintegrierte Symbolsammlung,
- durch die Kodierung ist der Umfang des Vokabulars größer als die maximale Tastenanzahl.

In Deutschland bieten folgende Firmen Sprachausgabegeräte mit spezieller Software, vorgefertigtem Vokabular und linguistisch begründeten Kodierungsstrategien an:

- www.prentke-romich.de
- www.dynavoxtech.com
- www.tobii.com

Für viele Kinder, welche nicht direkt auf Lautsprache zugreifen können, stellt die Anschaffung eines Sprachausgabegerätes eine wertvolle Möglichkeit dar, *zur Sprache zu kommen.*

Das oft bestehende ungleiche Kosten-Nutzen-Verhältnis durch teure Anschaffungskosten und intensive Einarbeitungszeit sollten kein Hinderungsgrund sein, diese Kommunikationsmöglichkeiten anzubieten. Auch hängt die Entscheidung, ob ein elektronisches Gerät zur Verfügung gestellt werden soll, stark vom jeweiligen Umfeld ab, welches unbedingt bereit sein muss, sich mit den Anforderungen des jeweiligen Gerätes und der neuen Gesprächssituation auseinanderzusetzen.

Problem der Anschaffungskosten und Einarbeitungszeit

Die perfekte Anwendung darf keine Priorität haben. Vielmehr ist die Frage maßgeblich, wie dieses Hilfsmittel im Alltag eine immer kommunikativere Wirkung entfalten kann. Generell gilt, dass es nicht entscheidend ist, ob ein Kind bereits zu Anfang die exakte Bedeutung aller Symbole auf der Kommunikationstafel oder dem Talker kennt. Entscheidend ist, ob es das Sprachausgabegerät in der Interaktion mit anderen Menschen gezielt einzusetzen lernen kann, um eigene Wünsche, Absichten, Gefühle oder Gedanken auszudrücken, und ob in der Folge eine größere Einflussnahme auf die persönliche Lebensgestaltung möglich ist.

Der Weg ist das Ziel

Umgang mit Go-Talk: Jonas (J), 9;3 Jahre mit starker Intelligenzminderung im Formenkreis einer Monosomie 22, steht seit kurzer Zeit ein Go-Talk zur Verfügung. Das Gerät ist mit Vokabular aus dem Kernvokabular (→Kap. 5.1) belegt. Die Symbolzuordnung stellt für J noch eine große Schwierigkeit dar. Es macht ihm jedoch große Freude, die Tasten auf dem Gerät zu drücken und eine Reaktion der Kommunikationspartner zu bewirken. So holt J selbstständig den Talker aus dem Korb und drückt zunächst willkürlich verschiedene, weiße Tasten, die mit keiner Aussage belegt sind, bis er per Zufall auf die Taste mit NOCH MAL drückt. J hört die Aussage und betätigt diese Taste immer wieder: „NOCH MAL, NOCH MAL." Die Mutter (M) kommt und fragt: „Noch mal? Was willst du noch mal?" Daraufhin bietet M dem Jungen zwei Dinge zur Auswahl an und drückt auf die entsprechenden Tasten: „ESSEN oder TRINKEN?" J drückt „ESSEN" und bekommt etwas zu essen. So erfährt J zum einen, dass er durch das Bedienen des Talkers etwas bewirkt und zum anderen lernt er allmählich, die Symbole zuzuordnen.

In Kapitel 9.10 wird der Einsatz eines Dynavox-Gerätes beschrieben.

Päßler-van Rey, D. (2011): Elektronische Kommunikationsformen. In: Nonn, K.: Unterstützte Kommunikation in der Logopädie. Thieme, Stuttgart/New York, 85–95

Eine Auflistung herstellerunabhängiger Sammlungen von elektronischen Kommunikationshilfen finden sich unter:

- www.barrierefrei-kommunizieren.de
- www.kommhelp.de
- www.beta-hilfen.de

3.3 Multimodale Kommunikation

vielfältige Möglichkeiten

Kommunikationssysteme sollten dem Prinzip der Multimodalität immer gerecht werden. Möglichkeiten, die einen echten wechselseitigen Austausch begünstigen, sind sehr vielfältig und individuell unterschiedlich. Sprachtherapie mit dem Auftrag der Veränderung der sprachlichen und kommunikativen Situation (Grohnfeldt 2007) darf sich alle unterschiedlichen Kommunikationsformen und -wege zu Nutze machen, um dem Ziel, *den Menschen zur Sprache zu bringen,* näher zu kommen – zum richtigen Zeitpunkt, am richtigen Ort sowie mit Menschen, die sich an die besondere Gesprächssituation anpassen können (→Kap. 8.1).

4 Diagnostik

Ziel einer jeden Diagnostik ist die Feststellung einer Auffälligkeit und die Bestimmung des daraus resultierenden Therapiebedarfes (von Suchodoletz 2002). Dies gilt für alle Störungsbilder unabhängig davon, ob eine primäre Beeinträchtigung der Sprache vorliegt oder ob diese durch sekundäre Bedingungen, wie sensorisch-neurologische Einschränkungen oder tiefgreifende Entwicklungsstörungen bedingt ist. So gelten für die Diagnostik bei Kindern mit komplexen Erscheinungsbildern die gleichen Ansprüche wie bei Kindern mit spezifischen Sprachentwicklungsstörungen.

Ziel der Diagnostik

Eine wissenschaftlich fundierte und aussagekräftige Befunderstellung ist nur möglich auf der Basis theoretischer Modelle, Annahmen und Konzepte. Hier bieten Sprachtherapie und Sprachheilpädagogik mit ihren Spracherwerbstheorien sowie Modellen zur Sprachverarbeitung und Kommunikationsentwicklung ein weites Spektrum an Orientierungshilfen.

Sprachtherapie bietet theoretische Modelle

Das biopsychosoziale Modell der Klassifikation von Funktionsfähigkeit, Behinderung und Gesundheit (International Classification of Functioning, Disability and Health – ICF) der Weltgesundheitsorganisation beschreibt mit seinem ressourcenorientierten Ansatz die Zustände der Körperstruktur, der Funktionsfähigkeit in der Aktivität (Leistungsfähigkeit) und der Partizipation (Teilhabe in Lebensbereichen). Gerade bei der Diagnostik von Kindern mit komplexen Erscheinungsbildern ist eine Verknüpfung all dieser Ebenen unbedingt notwendig.

ICF

Nur durch eine exakte Bestandsaufnahme der Sprach-und Kommunikationsprobleme im Alltag und eine detaillierte Beschreibung der hemmenden Umwelt und personenbezogenen Faktoren können Ist-Zustände erfasst und die Bedingungen für das Erreichen von Soll-Zuständen geschaffen werden. Um die individuell zugeschnittenen Kommunikationswege für das jeweilige Kind zu finden, müssen alle notwendigen sprachlichen und nichtsprachlichen Ebenen erfasst werden (Dohmen 2009).

genaue Bestandsaufnahme

Eine differenzierte Diagnostik bei Kindern mit geringen verbalen Kompetenzen setzt bereits den Einsatz von Unterstützter Kommunikation voraus.

4.1 Eine Auswahl diagnostischer Verfahren

Um dem Leser einen Eindruck zu vermitteln, welche Entwicklungsbereiche bei einer umfassenden Diagnostik untersucht werden sollen und welche ergänzenden Vorgehensweisen erforderlich sind, erfolgt eine Auswahl aus dem weiten Spektrum an verfügbaren Verfahren bei der Diagnostik von Kindern mit komplexen Erscheinungsbildern. Eine detaillierte Beschreibung der einzelnen diagnostischen Verfahren würde den Rahmen dieses Buches sprengen. Auch besteht kein Anspruch auf Vollständigkeit.

ICF-Richtlinien

Eine Diagnostik auf der Grundlage von ICF-Richtlinien vereint Überprüfungsverfahren, die folgende Bereiche berücksichtigen (Giehl/Liehs 2010):

- linguistische Ebene mit Vorläuferfähigkeiten, Sprachverstehen und Sprachproduktion,
- kognitive Ebene mit Vorläuferfähigkeiten und Symbolverständnis,
- sensorisch-motorische Ebene,
- pragmatisch-kommunikative Fähigkeiten mit Vorläuferfertigkeiten, kommunikative Kompetenzen im Alltag und kommunikative Gesamtsituation,
- Kontextfaktoren, wie Umwelt, Personen, Beschreibung der Ressourcen innerhalb der Familie und der Einfluss belastenden Verhaltens.

Eine Auswahl diagnostischer Verfahren zur differenzierten Einschätzung sprachlich-kommunikativer Kompetenzen bei Kindern mit komplexen Erscheinungsbildern bietet Tabelle 1.

interdisziplinäre Diagnostik

Diese Fülle an Diagnoseverfahren und die damit verbundenen Fragestellungen implizieren eine interdisziplinäre Diagnostik (→Kap. 8). Eine interdisziplinäre Diagnostik vereint drei diagnostische Vorgehensweisen:

- Testen,
- Beobachten und
- Befragen.

Dadurch werden folgende Teilleistungsbereiche erfasst:

- Kognition,
- Motorik,
- Sprache,
- Kommunikation und
- Verhalten.

Tab. 1: Auswahl diagnostischer Verfahren zur differenzierten Einschätzung sprachlich-kommunikativer Kompetenzen bei Kindern mit komplexen Erscheinungsbildern

Bereich	Verfahren	Inhalt
Beurteilung kognitiver Entwicklungsstufen		
Vorläuferfertigkeiten	Ordinalskalen der sensomotorischen Entwicklung (dt. Bearbeitung Sarimski 1987, Beltz/Weinheim)	Einstufung der sensomotorischen Entwicklung in Orientierung an Piaget zu den Bereichen visuelles Verfolgen und Objektpermanenz, Entwicklung von Mittel-Zweck-Handlungen, Entwicklung von Gesten und Lautimitation, Wahrnehmung kausaler und räumlicher Zusammenhänge; Einschätzung der (Spiel-) Entwicklung im Rahmen nicht standardisierter Alltagssituationen
	Diagnostik von Kognition und Kommunikation (Kane 2003, in: Handbuch der Unterstützten Kommunikation, 1. Aufl. von Loeper, Karlsruhe)	Einschätzung kognitiver Vorläuferfertigkeiten in Orientierung an Piaget, sowie Beurteilung der vorsprachlichen Kommunikation; Triangulierung als markanter Meilenstein für die Entwicklung der prä-intentionalen zur intentionalen Kommunikation
	Entwicklungsprofil für 1–3 Jahre (Zollinger 1995: Die Entdeckung der Sprache, 3. Aufl. Haupt, Stuttgart/Wien)	informelle Einschätzung praktisch-gnostischer, symbolischer, sozial-kommunikativer und sprachlicher Kompetenzen
Symbolverständnis		
Symbol- und Sprachverständnis	TASP – Test of Aided-Communication Symbol Performance (dt. Bearbeitung Hansen 2008, REHAVISTA, Berlin; evaluierte Stichprobe Sarimski, R. 2011, unveröffentlichte Masterarbeit, LMU-München, Lehrstuhl für Sprachtherapie)	Überprüfung des Symbol- und Sprachverständnisses (Semantik, Syntax, Morphologie) für die konkrete Gestaltung bildsymbolgestützter Kommunikationsoberflächen für externe Kommunikationshilfen
Beurteilung von Kommunikationsstufen		
Vorläuferfertigkeiten	Skalen zur Beurteilung der sozial-kommunikativen Entwicklung (Sarimski, Möller 1991: Frühförderung interdisziplinär 10, 151–159)	Erfassen früher pragmatischer Kompetenzen unter besonderer Berücksichtigung der Fähigkeiten zur Verhaltenslenkung und Initiierung einer gemeinsamen Aufmerksamkeitslenkung

	BFI: Beobachtungsbogen für vorsprachliche Fähigkeiten und Eltern-Kind-Interaktion (Schelten-Cornish, Wirths 2008, www.sprachtherapie-sc.de/BFI_15.4.10.pdf, 18.06.2012	Erhebungsbogen zu den vorsprachlichen und sprachlichen Fähigkeiten in den Bereichen emotionaler Ausdruck, Blickkontakt, Gesten und Kommunikation
	Triple C: Checklist of communicative competencies (dt. Bearbeitung von Braun, Kristen: www.diakoniehimmelsthuer.de/uk/VT%20Braun.pdf, 27.02.2012 und Kristen 2007, in: Sachse, Birngruber, Arendes [Hrsg]: Lernen und Lehren in der Unterstützten Kommunikation. Von Loeper, Karlsruhe, 303–311)	Beschreibung der kommunikativen Kompetenzen durch Alltagsbeobachtungen und Befragung der Bezugspersonen; differenzierte Unterscheidung der Entwicklungsstufen innerhalb präintentionaler und intentionaler Kommunikation
Beurteilung pragmatischer Fähigkeiten	Das pragmatische Profil (Dohmen et al. 2009, Urban & Fischer, München)	strukturiertes Interview mit allen Personen, die am Kommunikationsprozess des Kindes beteiligt sind, mit dem Ziel einer qualitativen Beschreibung des kindlichen Kommunikationsverhaltens im Alltag unter Berücksichtigung des kommunikativen Verhaltens der Bezugspersonen und der Gestaltung von möglichen Interventionsmaßnahmen
Beurteilung lautsprachlicher Fähigkeiten		
Elternfragebogen zum Sprachverständnis/Sprachproduktion	ELFRA 1 – Elternfragebogen zur Früherkennung von Risikokindern für 10–12 Lebensmonate (Grimm, Doil 2000, Hogrefe, Göttingen)	standardisierte Sprachstandserhebung auf Grundlage einer Elterneinschätzung für die Bereiche Sprachproduktion, Sprachverständnis
	ELFRA 2 – Elternfragebogen zur Früherkennung von Risikokindern für 21–24 Lebensmonate (Grimm, Doil 2000, Hogrefe, Göttingen)	standardisierte Sprachstandserhebung auf Grundlage einer Elterneinschätzung für die Bereiche produktiver Wortschatz, Syntax und Morphologie
Sprachverständnis	TROG-D – Test zur Überprüfung des Grammatikverständnisses für 3–10 Jahre (Fox 2010, Schulz Kirchner, Idstein)	standardisierter Sprachverständnistest zur quantitativen und qualitativen Überprüfung des Wort- und Satzverständnisses (Syntax und Morphologie)
Sprachverständnis/Sprachproduktion	Reynell Sprachentwicklungsskalen für 15. Lebensmonat–7 Jahre (dt. Bearbeitung Sarimski 1985, Rheinbreitbach, Röttger)	Beurteilung des Sprachverständnisses und der Sprachproduktion mit einer Version für motorisch beeinträchtigte Kinder (z.B. Reaktion über Augensteuerung möglich)

	SETK-2 – Sprachentwicklungstest für 2 Jahre (Grimm 2000, Hogrefe, Göttingen)	standardisierter Sprachentwicklungstest zur Überprüfung rezeptiver und produktiver Sprachverarbeitungsfähigkeiten für Wortschatz und Syntax
	SETK 3–5 – Sprachentwicklungstest für 3–5 Jahre (Grimm 2001, Hogrefe, Göttingen)	standardisierter Sprachentwicklungstest zur Überprüfung rezeptiver und produktiver Sprachverarbeitungsfähigkeiten und auditiver Gedächtnisleistungen
	PDSS – Patholinguistische Diagnostik bei Sprachentwicklungsstörungen für 2–6 Jahre (Kauschke, Siegmüller 2009, Urban & Fischer, München)	standardisierter Sprachentwicklungstest zur Überprüfung rezeptiver und produktiver Sprachverarbeitungsfähigkeiten in den Bereichen Phonologie, Semantik, Syntax und Morphologie
Beurteilung von Kommunikation und Partizipation im sozialen Umfeld		
kommunikative Gesamtsituation	Soziale Netzwerke – Ein Instrument zur Erfassung der Kommunikation von unterstützt kommunizierenden Menschen und ihren Kommunikationspartnern (dt. Bearbeitung Wachsmuth 2006, von Loeper, Karlsruhe)	Beurteilung der momentanen kommunikativen Gesamtsituation mit Hilfe von Interviews der Bezugspersonen und der Person, welche auf unterstützte Kommunikation angewiesen ist mit dem Ziel, eine optimale Partizipation herzustellen
	Handreichung zur UK-Diagnostik (Boenisch 2007, in: Boenisch, Sachse 2007: Diagnostik und Beratung in der Unterstützten Kommunikation, von Loeper, Karlsruhe)	ausführliche Diagnosebögen und Fragenkataloge zur Abklärung der Fähigkeiten bzgl. Kommunikation, Kognition, Sprachverständnis, Grob- und Feinmotorik; Einschätzung emotionaler und psychischer Faktoren, sowie die Bedingungen des sozialen Umfeldes
	COCP-Programm (Heim, Jonker 1996, Wijk aan Zee, Nederland)	systematische Analyse des Interaktionsverhaltens der Bezugspersonen mit dem Kind
	BEK – Fragebogen zu Bedürfnissen von Eltern behinderter Kinder (dt. Bearbeitung Sarimski 1996, Hogrefe, Göttingen)	standardisierte Erfassung von elterlichen Bedürfnissen nach Informationen, Unterstützung in innerfamiliären und finanziellen Situationen
Verhaltensanalyse		
Beurteilung von problematischen Verhaltensweisen	BPI – 01 – Revised Behavior Problem Inventory (dt. Bearbeitung Sarimski/Steinhausen 2007: KIDS 2: Kinder-Diagnostik-System. Geistige Behinderung und schwere Entwicklungsstörung. Hogrefe, Göttingen)	Beurteilung der Auftretenshäufigkeit und Intensität stereotyper, selbstverletzender und aggressiver Verhaltensformen

	IfES – Inventar zur funktionellen Erfassung selbstverletzenden Verhaltens (Bienstein, Nußbeck 2010, Hogrefe, Göttingen)	Erfassung motivational-funktionaler Ursachen von selbstverletzendem Verhalten als mögliche Reaktion auf Überforderung, zur Vermeidung von Anforderungen, zum Erhalt eines beliebten Objektes, aufgrund körperlichen Unwohlseins oder als Stimulation

Kombination verschiedener Prüfverfahren

Nur eine Kombination verschiedener Überprüfungsverfahren kann die individuellen Fähigkeiten und den Einfluss von Umweltfaktoren mit allen möglichen Wechselwirkungen beschreiben. Gerade bei der Fragestellung, ob Unterstützte Kommunikation in die Interventionsmaßnahmen aufgenommen werden soll, steht das Kind nicht alleine im Mittelpunkt der diagnostischen Fragestellung, sondern auch seine soziale Umwelt.

Daraus ergibt sich ein umfassendes Bild, welches Voraussetzung für die Entwicklung eines Interventionsplanes ist, der individuell auf die Bedürfnisse des Kindes zugeschnitten ist.

4.2 Besonderheiten der Diagnostik sprachlich-kommunikativer Fähigkeiten von Kindern mit komplexen Erscheinungsbildern

Diagnostikverfahren setzen Fähigkeiten voraus

Nahezu alle beschriebenen Diagnostikverfahren, welche linguistische Ebenen überprüfen, setzen voraus, dass das Kind hörend und sehend ist und dass es motorisch in der Lage ist, eine deutliche Zeigegeste auszuführen. Es mangelt weiterhin an Testverfahren, welche die eingeschränkten Fähigkeiten von Kindern mit intensiven Behinderungserfahrungen (z. B. nicht / wenig verbal sprechend, eingeschränkte Motorik, Sinnesbeeinträchtigungen) beachten. Nur selten können diese Kinder ihr Wissen und ihre Fähigkeiten unabhängig von komplexen motorischen und / oder lautsprachlichen Leistungen zeigen. Gerade bei der Diagnostik von Kindern mit komplexen Erscheinungsbildern verhält es sich oft so, dass die überlagernden Störungsbilder die Leistungen auf der rein sprachlichen Ebene verzerren.

Umfassende, differenzierte und qualifizierte Diagnostikansätze, welche auch die sprachlich-kommunikativen Besonderheiten bei Kindern mit komplexen Erscheinungsbildern zumindest ansatzweise berücksichtigen, stellen heutzutage jedoch keine Unmöglichkeit mehr dar (Aktas 2008; Siegmüller 2008; Boenisch 2008).

Ein Beispiel hierfür wäre der SETK in einer adaptiven Version als Sprachtest für Kinder mit Trisomie 21 (Aktas 2004). Alle Untertests des SETK-2 und des SETK 3–5 werden verwendet, jedoch neu kombiniert, so dass ein auf die Fähigkeiten des Kindes dynamisch abgestimmter Testablauf möglich wird. Eine theoriegeleitete qualitative Auswertung mit einer zusätzlichen Elternbefragung ergänzt die quantitative Auswertung. Ein solches Vorgehen ermöglicht sowohl eine fundierte Einschätzung der sprachlichen und kommunikativen Fähigkeiten als auch die Gewinnung förder- und therapierelevanter Aussagen über sprachspezifische Zielsetzungen.

Beispiel SETK

Die Überprüfung von Teilleistungsbereichen bei Kindern mit Sinnesbeeinträchtigungen stellt nach wie vor eine große Herausforderung dar, da Testanweisungen immer mit auditiven und/oder visuellen Wahrnehmungsleistungen gekoppelt sind.

So werden z. B. die Testaufgaben in den meisten Fällen mit Bildmaterial in unterschiedlicher Größe angeboten und stellen somit eine Überforderung für ein Kind mit Sehbehinderung dar. Der aktive und passive Wortschatz lässt sich noch mit Hilfe von Objekten, als tastbare Zeichen, überprüfen, aber die Testung des Satzverständnisses oder gar der Satzproduktion erweist sich als sehr schwierig, da im Bereich einer Sehbehinderung noch keine adaptiven diagnostischen Verfahren zur Beschreibung der linguistischen Fähigkeiten zur Verfügung stehen.

Sehbehinderung

Eine vorliegende Hörschädigung erschwert die Feststellung, ob eine fehlerhafte Lösung auf mangelnde zentrale Verarbeitungsfähigkeiten oder periphere Höreinschränkungen zurückzuführen ist. Das Anbieten verschiedener Anweisungen in Gebärdensprache (DGS) wäre eine mögliche Variante, um Missverständnissen entgegenzuwirken. Eine offizielle, standardisierte Übersetzung fehlt jedoch weitgehend. Appelbaum (2011) schlägt vor, dass bei der Überprüfung des produktiven Wortschatzes sowohl die lautsprachliche Version, wie auch der Gebärdenwortschatz des Kindes dokumentiert werden soll. Es ist hilfreich, Listen für Gebärden und produktive Sprache zu erstellen.

Hörschädigung

Kinder mit Autismus-Spektrum-Störung haben oft große Schwierigkeiten, sich in einer begrenzten Untersuchungszeit zur Mitarbeit zu motivieren. Weiterhin fällt es diesen Kindern oft schwer, sich auf fremdbestimmte, unbekannte, nicht vertraute Instruktionen einzulassen: z. B. ein Kind, welches bereits mit einem Bild-Objekt-Austausch-Verfahren kommuniziert (→Kap. 6.4), hat meist Schwierigkeiten mit der Anweisung „Zeig mir …" oder „Wo ist …?" und kann nur schwer zielgerichtet auf Bilder deuten. Das Kind wird wahrscheinlich bedürfnisorientiert handeln und nach dem Bild mit dem Objekt „greifen", welches es auch haben möchte. Auch wenn das

Autismus-Spektrum-Störung

Kind die Fähigkeit des eindeutigen Zeigens nicht Preis gibt, heißt dies nicht, dass das Kind über diese Fähigkeit nicht verfügt. Es bewährt sich, das zielgerichtete Zeigen in strukturierten Aufgabenstellungen zu üben.

motorische Einschränkungen Wenn eine Zeigegeste aufgrund motorischer Einschränkungen nicht ausgeführt werden kann, dann besteht die Möglichkeit, dass das Kind durch gezielte Augenbewegungen die für die Aufgabenstellung erforderliche Identifikation von einzelnen Bildern vollzieht.

gezielte Augenbewegungen Manch ein Kind braucht mehr Raum, um mit Blickbewegungen Bilder zu „zeigen". In diesem Fall ist es möglich, die einzelnen Testabbildungen an einer Magnetwand oder einer durchsichtigen Plexiglasscheibe zu befestigen und den Abstand zwischen den Bildern zu vergrößern. Eine durchsichtige Scheibe hat den Vorteil, dass der Kommunikationspartner die Blickrichtung des Kindes leichter zuordnen kann.

Ja-Nein-Fragen Bei Testitems, welche ein Ja-Nein-Konzept erfordern, müssen den Kindern, die solche Fragen nicht durch Lautsprache, Vokalisierungen oder Kopfbewegungen beantworten können, Symbole mit „Ja" und „Nein" in Reichweite zur Verfügung gestellt werden. Diese können sie anschließend mit dem Blick oder der Zeigegeste auswählen. Die einzelnen Subtests sollten über eine längere Zeitspanne hinweg (mehrere Therapieeinheiten) angeboten werden, da die Aufmerksamkeit oft extrem kurz ist und die Mitarbeit von der jeweiligen Tagesform abhängt.

Das Wiederholen der Instruktionen sowie die Erhöhung der Aufmerksamkeit und Motivation zur Mitarbeit mit Hilfe von Verstärkern sind durchaus legitim. Nach einer absehbaren Reihe von Items gibt es z. B. ein Gummibärchen oder einen Stempel.

Auch müssen die Aufgabenstellungen immer wieder hinsichtlich der Länge, Komplexität und der Abstraktheit der Begriffe überprüft werden, damit Kinder mit kognitiven Einschränkungen und geringer Merkspanne zumindest die Anweisungen verstehen können.

Adaptionen im TASP Sarimski (2011, 114 f.) schlägt in ihrer Masterarbeit zur Analyse und Erprobung des TASP (Test of Aided-Communication Symbol Performance) einige Adaptionen der Anweisung bei der Einführung einzelner Subtests vor. Es wurden sprachliche Modifikationen und Wiederholungen von Anweisungen vorgenommen, welche jedoch die Anforderungen an die Sprachverarbeitungsfähigkeiten des Kindes nicht verändern.

 Auf der Verlagshomepage können die modifizierten Testanweisungen des TASP (Zusatz 2a) heruntergeladen werden. Außerdem befindet sich dort ein Beispiel für eine konkrete Testauswertung des TASP (Zusatz 2b).

Alle Modifikationen hinsichtlich der Durchführungsanweisungen, der zeitlichen Vorgaben, des vorgegebenen Materials etc. müssen im Testprotokoll angegeben werden und finden in einer qualitativen Bewertung ihre Berücksichtigung.

genaue Dokumentation

Der Testleiter muss demnach über folgende Fähigkeiten verfügen bzw. folgende Anforderungen erfüllen:

Anforderungen an den Testleiters

- hohe Flexibilität,
- Kenntnis diagnostischer Verfahren und Methoden, um durch die Auswahl eines alternativen Mittels zum Ziel zu gelangen,
- Gebärdensprachkompetenz,
- Kenntnis von Scanningverfahren (→Kap. 6.3),
- Wissen um den Verhaltensphänotyp bei genetischen Syndromen,
- Kenntnis der Spracherwerbsmechanismen und -reihenfolge auf allen linguistischen Ebenen.

Das Themenheft der Zeitschrift Unterstützte Kommunikation 4/2011 gibt einen guten Überblick über diagnostische Möglichkeiten bei Kindern mit geringen verbalen Kompetenzen.

Eine gute Übersicht über den Verhaltensphänotyp bei genetischen Syndromen findet sich z. B. bei Sarimski (2003): Entwicklungspsychologie genetischer Syndrome. 3. A. Hogrefe, Göttingen,

5 Sprachspezifische Verfahren mit multisensoriellem Ansatz

Im Folgenden werden drei sprachspezifische Therapieverfahren (McGinnis-Methode, PROMPT, VEDiT) beschrieben, welche vor allem in der Therapie von komplexen kindlichen Sprachstörungen ihre Anwendung finden. Sie enthalten Elemente, die auch in der Unterstützten Kommunikation als Hilfestellungen angeboten werden.

sensorieller Ansatz

Der gemeinsame Nenner dieser Therapiemethoden mit dem Schwerpunkt der Förderung der phonetisch-phonologischen Ebene ist ein multidimensionaler und -sensorieller Ansatz. Der Zugang zur Sprache wird über verschiedene Sinnesmodalitäten vermittelt. Visuelle, auditive, taktile und assoziative Hilfsmittel werden systematisch eingebunden mit dem Ziel, die lautsprachliche Entwicklung auf Laut-, Wort- und Satzebene zu erweitern.

5.1 Assoziationsmethode nach McGinnis

Die Assoziationsmethode nach McGinnis (McGinnis 1963, in: Kempcke 1980) ist u. a. geeignet für Kinder

- mit Störungen der zentralen Sprachverarbeitung,
- mit schweren phonologischen Störungen,
- mit verbaler Entwicklungsdyspraxie,
- mit Sprachstörungen im Kontext von Autismus-Spektrum-Störung, genetischen Syndromen, Aufmerksamkeits-Defizit-Syndrom.

strukturiertes Vorgehen

Die Assoziationsmethode nach McGinnis entspricht einem sehr strukturierten Vorgehen mit gleichförmigen Wiederholungselementen. Ein intakter visueller Sinneskanal wird genutzt, um zwischen visuellem Stimulus, akustischem Ereignis, Kinästhesie und Propriozeption Assoziationen zu schaffen. Das Hörbare (Laut, Lautfolge) wird mit dem Sichtbaren (Lippenbewegungen, Buchstaben) und Fühlbaren (eigene Artikulationsbewegungen, eigene Schreibtätigkeit) verknüpft.

Schriftbild als Assoziations- und Erinnerungshilfe

Das jeweilige Schriftbild dient als Assoziations- und Erinnerungshilfe für die jeweiligen Laute. Das Kind wird direkt zur Imitation aufgefordert. Der Fokus liegt von Anfang an auf absolut korrekter Artikulation.

Das Vorgehen nach der McGinnis-Methode „[...] versucht also, die [...] Schwächen der Kinder in der auditiven Verarbeitung und Speicherung durch modalitätsübergreifendes Arbeiten unter Einbeziehung schriftsprachlicher und kinästhetischer Elemente zu kompensieren" (Gebhard 1992, 181).

Renate Meir entwickelte 1987–1998 speziell für Kinder, deren Aussprache deutlich von ihrem Entwicklungsalter abweicht, eine Modifikation der ursprünglichen McGinnis-Methode. Zur verbalen Vorgabe eines Lautes werden gleichzeitig die visuellen Hilfestellungen Mundbild, Lautsymbol und Graphem (als Großbuchstabe) angeboten. Das Kind kann die Laute so leichter imitieren und wieder abrufen.

McGinnis-Modifikation

Der Schwerpunkt liegt nicht auf der Anbahnung einzelner Laute, sondern auf der sofortigen Verknüpfung zu sinnvollen Wörtern. Die Lautübergänge werden farblich markiert (Vokal = rot, Konsonant = blau). Auditive Differenzierungsübungen und das Training der Gedächtnisspanne für Reihenfolgen werden zusätzlich angeboten (Abb. 6).

Synthese

Abb. 6: Auszug aus Meirs Modifikation der McGinnis-Methode zur Lautverbindung muh

Ein Stundenschema mit zwölf Lernschritten zur Vorgehensweise nach der modifizierten McGinnis Methode findet sich im Internet unter *www.mcginnis-mod.com*.

Die Inhalte des modifizierten Therapieansatzes „Die Entdeckung der Sprache mit McGinnis Modifikation nach Meir" werden nur in Verbindung mit der Teilnahme an einem Seminar weitergegeben.

5.2 Therapieverfahren PROMPT

Das PROMPT-Konzept „Prompts for Restructuring Oral Muscular Phonetic Targets" wurde von Chumpelik 1984 zur Behandlung sprechmotorischer Störungen entwickelt. Der multidimensionale Ansatz ist geprägt durch die holistische Philosophie, die systematische Erfassung des sprechmotorischen Systems und die organisierten Prinzipien der Therapieplanung. In der Therapie werden kognitive, soziale, pragmatische und verhaltenstypische Besonderheiten des Kindes sowie sensorisch-motorische und physische Aspekte berücksichtigt. PROMPT kommt bei Kindern wie auch bei Erwachsenen zum Einsatz, u. a. bei Dysarthrie, Dyspraxie, Broca Aphasie, Hörstörungen, Autismus-Spektrum-Störungen, tiefgreifenden Entwicklungsstörungen, Redeflussstörungen und phonetisch-phonologischen Störungen. Im Folgenden wird nur auf die Behandlungsmöglichkeit bei Kindern eingegangen (Hayden et al. 2010).

taktil-kinästhetische Hinweisreize

Der Therapeut unterstützt die Sprechbewegungen bei den ausgewählten motorischen Zielen durch die PROMPT-Behandlungstechnik, d. h. mit synchronen taktil-kinästhetischen Hinweisreizen. Diese führt der Behandelnde mit seinen Fingern direkt an Kontaktpunkten und Bewegungsebenen (Mund-, Kiefer- und Gesichtsbereich) des Sprechers aus, was dazu beiträgt, dass die Artikulationsbewegungen erworben, verfeinert und reaktiviert werden können. Durch das gleichzeitige Sprechen des Therapeuten wird eine auditive Rückkoppelung angeboten, und die Fokussierung auf sein Mundbild vermittelt zusätzlich einen visuellen Eindruck.

So fungiert der Therapeut als externer Programmierer, der durch das multimodale Vorgehen (taktil-kinästhetisch, auditiv und visuell) sprechmotorische Bewegungsabläufe stimuliert und dem Kind dabei behilflich ist, Bewegungspläne der erforderlichen Artikulationsmuster zu entwickeln.

koartikulatorische Übergänge

Das Ziel der Stimulation ist die Aktivierung räumlich-zeitlicher Muster von Sprechbewegungen. Koartikulatorische Übergänge können auf diese Weise über die drei Artikulationszonen hinweg dargestellt werden. Der Silben- und Wortaufbau wird dadurch unterstützt. In PROMPT geht man von der Annahme aus, dass im Gehirn Bewegungsmuster immer koartikulatorisch abgespeichert werden und dass während des physiologischen Spracherwerbs der semantische Gehalt eines Wortes gleichzeitig mit dem motorischen Bewegungsmuster abgespeichert wird.

Synthese

Demnach werden in der Therapie mit der PROMPT-Behandlungstechnik keine einzelnen Laute angebahnt oder sinnlose Silben geübt, sondern der Übungsgegenstand sind minimale bedeutungsvolle Lautsequenzen und Wörter, mit denen nach und nach ein Zielvokabular (→Kap. 5.1) aufgebaut wird. Gehäufte sowie auch aufgeteilte Wiederholungen innerhalb bedeutungsvoller Interaktionen führen zu immer vollständigeren und korrekteren motorischen Programmen.

Die taktil-kinästhetischen Hinweisreize können je nach Ausmaß der Störung von der Laut- bis hin zur Satzebene eingesetzt werden, wobei jeder einzelne Laut durch einen Reiz stimuliert werden kann. Die Hilfe zum Auffinden der Artikulationsstelle und des Artikulationsmodus wird nur solange angeboten, wie sie das Kind zum Programmieren und Ausführen komplex aufeinanderfolgender Sprechbewegungsmuster benötigt.

Hilfe solange wie nötig

Die Effektivität dieser Methode wurde bereits in Einzelfallstudien nachgewiesen (Houghton 2003; Grigos et al. 2010).

Houghton, M. (2003): The effect of the PROMPT system of therapy on a group of children with severe persistent sound system disorders. Queensland, Australien: School of Health and Rehabilitation Sciences, University of Queensland. In: *www.promptinstitute.com/uploads/Articles/Houghton.pdf*, 27.02.2012

Grigos, M., Hayden, D., Eigen, J. (2010): Perceptual and articulatory changes in speech production following PROMPT treatment. Journal of Medical Speech Pathology (18) 4, 46–53. In: *www.promptinstitute.com/uploads/Article/Grigos.pdf*, 27.02.2012

Die Durchführung der PROMPT-Behandlungstechnik sowie die Arbeit mit der systematischen Diagnose und Behandlungsplanung erfordert ein hohes Maß an Fertigkeiten und Übung von Seiten des Therapeuten und ist nur in intensiven Schulungen erlernbar: **www.promptinstitute.com**.

5.3 Verbale Entwicklungsdyspraxie-intensiv-Therapie (VEDiT)

Schulte-Mäter entwickelte für Kinder mit verbaler Entwicklungsdyspraxie ein intensives, stark strukturiertes Therapieprogramm.

Definition

Kindern mit einer **Verbalen Entwicklungsdyspraxie** gelingt es nicht oder nur sehr mühsam, willkürliche und komplex aufeinanderfolgende Sprechbewegungen motorisch zu planen und auszuführen.

Merkmale verbale Entwicklungsdyspraxie

Merkmale einer verbalen Entwicklungsdyspraxie sind:

- hochgradige, oft inkonsequente und variable Lautbildungsfehler,
- erhöhte Fehlerquote bei zunehmender Äußerungslänge,
- Schwierigkeiten in der Lautsequenzbildung,
- gelegentliche artikulatorische Suchbewegungen,
- gestörte verbale Diadochokinese,
- prosodische Fehler.

Das Therapieprogramm „Verbale Entwicklungsdyspraxie-intensiv-Therapie" (VEDiT) basiert auf folgenden Grundprinzipien:

- **multisensorielle Assoziationstheorie:** Ein Phonem wird mit dem jeweiligen Graphem, dem entsprechenden Handzeichen des Phonembestimmten Manualsystems (PMS →Kap. 3.1) und Anlautbildern durch zahlreiche Wiederholungen verknüpft. Dem Therapeuten stehen Arbeitsblätter zur Verfügung, auf denen die PMS-Handzeichen und die Anlautbilder abgedruckt sind, so wie sie Schulte-Mäter in ihrem Ansatz verwendet.
Die jeweiligen Hinweisreize zu Lauten und Lautabfolgen werden nur solange vorgegeben, wie sie das Kind zur Sprechbewegungsplanung benötigt. Die Laute, bei denen das Kind noch Hilfestellungen braucht, werden mit dem PMS unterstützt und die dazugehörigen Grapheme rot markiert.
- **Erarbeitung motorischer Programme:** Die Sprechbewegungsplanung und Programmierung erfolgt durch ein intensives, repetitives Üben, d.h. die Effektivität der Therapie hängt ganz entscheidend von der Häufigkeit der Übungen mit einer hochfrequenten Wiederholungsrate ab.
- **intensive Einbindung der Eltern:** Der umfassende Einbezug der Eltern in die Therapieinhalte ist grundlegend für den Therapieerfolg.
- **Erarbeitung eines Zielvokabulars:** Der Aufbau eines Zielvokabulars (→Kap. 6.1) folgt nicht nach der Spracherwerbsreihenfolge für Laute, sondern bezieht sich auf Wörter, welche für das Kind bedeutsam sind, einen hohen kommunikativen Wert besitzen und wirkungsvolle Aussagen ermöglichen. Die Laute, die bereits vorhanden sind, werden aufgegriffen und in Lautsequenzen und kommunikative Äußerungen eingebaut.
- **sukzessive Approximation:** Eine Erleichterung der Sprechbewegungsplanung und -durchführung wird durch eine schrittweise Annäherung an die korrekte Phonemstruktur erreicht mit dem Ziel, dass das Kind ein immer größer werdendes Vokabular zur Verfügung hat, das (annähernd) verständlich ist. Die Auslassung unbetonter Silben (gemäß den natürlichen Sprachlernmechanismen), aber auch ein Absetzen zwischen den einzelnen, noch schwierig zu bildenden Lauten ist ein wichtiger Schritt, um koartikulatorische Fähigkeiten anzubahnen. Die vereinfachte Form sollte der Zielstruktur so nah wie möglich sein und

sich ihr im Laufe der Erweiterung der Sprechgenauigkeit immer mehr angleichen.
Als übergreifendes Ziel steht die Freude am Lautieren und Sprechen.

 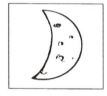
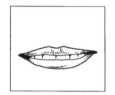 

Anlautwörter

Schulte-Mäter schlägt das Arbeiten mit Anlautwörtern vor. Als Ziel wird hier die Verknüpfung des Graphems mit dem entsprechenden Handzeichen und die Abbildung typischer Anlautwörter verfolgt. Diese Wörter stellen keine Zielwörter für das Kernvokabular dar, sondern dienen als weitere Verknüpfung zu dem jeweiligen Laut. Es reicht zunächst aus, dass das Kind nur den Anlaut oder die erste Silbe dieser Wörter realisieren kann (Abb. 7).

Abb. 7:
Beispiel eines VEDiT-Arbeitsblattes zur Lautverbindung /m/

Frau Schulte-Mäter bietet in regelmäßigen Abständen Fortbildung zu ihrem Therapiekonzept (VEDiT) an: **www.vedit-therapie.de**.

Die drei beschriebenen Therapieansätze berücksichtigen mit multisensoriellen Elementen die Förderung der phonetisch-phonologischen Ebene.

Der interessierte Leser sei weiterhin auf den handlungsorientierten Therapieansatz (HOT) von Weigl und Reddermann-Tschaikner (2002): HOT – ein handlungsorientierter Therapieansatz für Kinder mit Sprachentwicklungsstörungen, Thieme, Stuttgart / New York, hingewiesen, welcher einem multimodalen, mehrdimensionalen Therapieverfahren entspricht, der vorrangig die semantisch-lexikalische, morpho-syntaktische und narrative Entwicklung fördert.

6 Spezifische Verfahren der Unterstützten Kommunikation

Erweiterung des Methodenrepertoires

Im Folgenden werden einige Methoden der Unterstützten Kommunikation vorgestellt, welche als Handwerkszeug im Methodenrepertoire eines Sprachtherapeuten von großem Nutzen sein können.

6.1 Vokabularauswahl

Einem Kind, welches (noch) nicht oder nur unzureichend über Lautsprache verfügt, muss Vokabular in Form von Handzeichen und / oder Symbolen in Kombination mit Schrift zur Verfügung gestellt werden. Es liegt eine große Verantwortung in der Auswahl des Vokabulares, denn das, was dem Kind nicht angeboten wird, kann es nicht erlernen. Der Wortschatz wird in **Kern- und Randvokabular** aufgeteilt.

Kern- und Randvokabular

Zahlreiche Untersuchungen (Boenisch 2008) bestätigen, dass das Kernvokabular im Alltag eine große Rolle spielt. Boenisch konnte mit einem Forschungsprojekt zur Kindersprachanalyse (2003–2006) aufzeigen, dass sich der Gebrauchswortschatz der Kinder mit Körperbehinderung (mit wenigen Ausnahmen) nicht vom Gebrauchswortschatz der Kinder ohne Behinderungen unterscheidet. Beide Gruppen nutzen nahezu das gleiche Kernvokabular.

Definition

> Das **Kernvokabular** umfasst die 200–300 Wörter einer Sprache, welche situations- und personenunabhängig am häufigsten gebraucht werden. Im Deutschen besteht das Kernvokabular vorwiegend aus „kleinen" Wörtern, wie z. B. Artikeln, Pronomen, Konjunktionen, Präpositionen, Hilfsverben und Adverbien. Große Teile des Kernwortschatzes werden schon in den ersten Lebensjahren erworben.

Mit dem Kernvokabular können zwar nur wenige spezifische Informationen vermittelt werden, jedoch sind die Aussagen von pragmatisch hohem Wert und können situationsunabhängig eingesetzt werden.

Lucas (L), 2;8 Jahre, wird als late talker eingestuft, da er die 50-Wörter-Marke bei weitem nicht erreicht hat.

Transkript einer Sprachtherapiesequenz:
L sitzt auf dem Schoß von Th und genießt ein Hoppe-Hoppe-Reiter-Spiel. Der Vers ist beendet. L schaut erwartungsvoll Th an und wirft sich anschließend nach hinten, um zu verdeutlichen, dass er eine Wiederholung möchte. Th gibt die korrekte Rückmeldung: „Du willst <u>noch mal</u>. Wir machen's <u>noch mal</u>!"
Das Hoppe-Hoppe-Reiter-Spiel wird wiederholt. Th fordert die Mutter (M) auf, mit L den Kniereiter zu wiederholen: „Mit der Mama* macht es noch mehr Spaß! Mach <u>noch mal</u>!" L klettert freudig auf den Schoß von M. Nach Beendigung des Verses zeigt L seiner M durch Blickkontakt und Hopsen, dass er „noch mal" will. Th modelliert für M und L: „<u>Noch mal</u>, Lucas will <u>noch mal</u>!" Viele Wiederholungen finden statt und nach und nach übernimmt sowohl M wie auch L das Handzeichen für /noch mal/.
Weiterführung: Zusammen mit M werden Alltagssituationen gesucht, welche ein „noch mal" erfordern. Darauf aufbauend wird weiteres Vokabular, wie „mehr", „fertig", „weg", „nein", „schnell", „langsam", über Handzeichen angeboten.

Um sich inhaltlich noch differenzierter auszudrücken, brauchen die Kinder eine zusätzliche individuelle Vokabularauswahl aus dem sog. **Randvokabular**.

Definition

Zum **Randvokabular** gehören viele und individuell sehr unterschiedliche Wörter, vor allem Inhaltswörter, wie Substantive, Verben, Adjektive. Das Randvokabular wird während der ganzen Lebensspanne ständig erweitert. Durch eine Auswahl von wichtigem Randvokabular auf einer Kommunikationshilfe können spezielle Themen (abgestimmt auf die Interessen und die Lebenswelt des jeweiligen Kindes) ausgedrückt werden.

Maxim (M), 6;0 Jahre mit einer schweren verbalen Entwicklungsdyspraxie, verfügt nur über wenig verständliche Lautsprache. Um spezifische Inhalte auszudrücken, steht ihm eine Kölner Kommunikationsmappe (Abb. 8–10) zur Verfügung. M hat Geburtstag und möchte gerne von diesem großen Tag erzählen. Eine Seite seines Kommunikationsordners wird daher mit dem Thema Geburtstag gestaltet, und M hat die Möglichkeit durch das Zeigen auf die entsprechenden Symbole, immer wieder zu erzählen, was ihm besonders gut gefallen hat.

Das Anbieten eines Kernvokabulars, dargestellt auf einer großen Tafel mit einer Auswahl an Randvokabular in der Mitte, bietet viele neue und äußerst effektive Ausdrucksmöglichkeiten (Abb. 8).

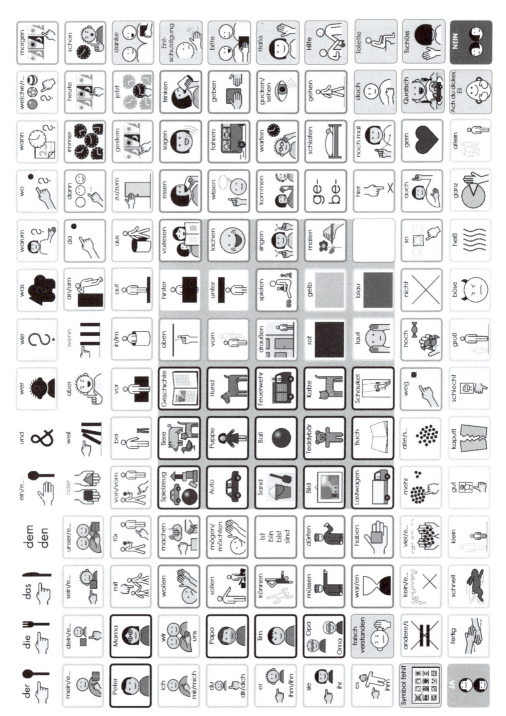

Abb. 8: Kölner Kommunikationstafel mit Kern- und Randvokabular
(© Boenisch/Sachse 2011; METACOM)

Mehr Auswahl an Randvokabular bietet die Kölner Kommunikationsmappe. Das Kernvokabular befindet sich auf der Innenseite einer großen Mappe und das themengebundene Vokabular, als Randvokabular, wird durch zusätzliche eingebundene Seiten zur Verfügung gestellt. Abbildung 10 zeigt einen Ausschnitt aus der Kölner Kommunikationsmappe (ein kompletter Ausdruck der Mappe findet sich bei Boenisch/Sachse 2011, 01.026.033), Abbildung 9 eine reduzierte Kommunikationstafel.

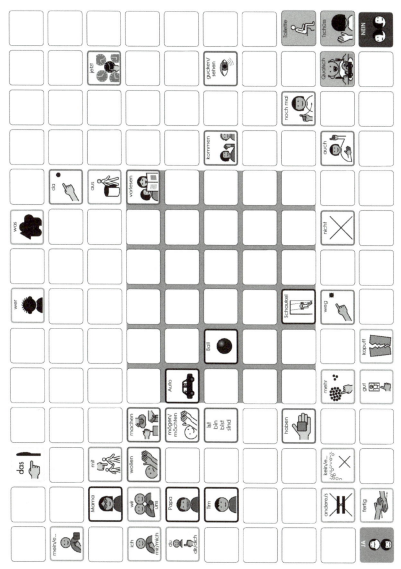

Abb. 9: Reduzierte Kölner Kommunikationstafel
(© Boenisch/Sachse 2011; METACOM)

Abb. 10: Ausschnitt aus der Kölner Kommunikationsmappe (Boenisch/Sachse 2011; Mayer-Johnson)

beschreiben statt benennen

Bei diesem Ansatz geht es weniger um das reine Benennen von Handlungen und Gegenständen, sondern vielmehr um das Beschreiben und Kommentieren von Situationen und Gefühlslagen und vor allem um das Einbringen der eigenen Meinung.

umschreiben

Weiterhin ist es sehr wichtig, von Anfang an ein Umschreiben anzubieten und zu üben, da trotz des Anbietens eines zusätzlichen Randvokabulars der Wortschatz über eine Symboltafel immer begrenzt sein wird. So gibt es z. B. für das Adjektiv „riesig" kein spezielles Bild. Mit Symbolen wie „mehr" und „groß" kann jedoch der semantische Inhalt von „riesig" erfasst werden. Mit Hilfe eines entsprechenden Modells durch die Kommunikationspartner erfährt das Kind mehr über die spezifische Bedeutung der einzelnen Wörter und Symbole (→Kap. 8).

Zielvokabular

Eine gut durchdachte und fundierte Vokabularauswahl (das sog. Zielvokabular), die Kern- und bedeutsames Randvokabular berücksichtigt, ermöglicht den unabhängigen, situationsübergreifenden Einsatz einer Kommunikationstafel oder -mappe. Das Zielvokabular kann früh erfasst, nach und nach aufgebaut und erweitert werden. Das Arbeiten an einem Zielvokabular ermöglicht Partizipation zu allen Themen, in allen Gesprächen mit unterschiedlichen Gesprächspartnern.

Für ein Kind, das in seiner Kommunikations- und Sprachentwicklung noch am Anfang steht, erscheint ein Zielwortschatz von mehreren hundert Wörtern erst einmal sehr groß und unübersichtlich. Der Zielwortschatz gewährleistet aber, dass von Anfang an mit relevantem situationsunabhängigem Vokabular gearbeitet wird. Ein allmählicher Aufbau des Zielwortschatzes ist besonders für Kinder mit komplexen Erscheinungsbildern wichtig. Eine Orientierung an den Interessen des Kindes hat hier oberste Priorität. Durch die regelmäßige Verknüpfung des Handzeichens und/oder Symboles mit einer Reaktion lernt das Kind seine Bedeutung kennen.

allmählicher Aufbau

Jeremias (J), 5;6 Jahre mit Intelligenzminderung aufgrund einer bakteriellen Meningitis im Säuglingsalter, spielt sehr gerne mit der Pinguinbahn. Dafür braucht er Wörter wie „nochmal", „schnell", „fertig", „hoch", „unten", „lustig", „ich mag", „wer?", „ich", „du", „was?", „spielen", „wann?", „jetzt", „später" und nicht zuletzt auch „Pinguin" und „Kugelbahn". Da die Kommunikationstafel bald auch während der Mahlzeiten aktiv eingesetzt wird, braucht J nun Begriffe aus dem Themenfeld „Essen und Trinken". Je häufiger die Tafel im Alltag Anwendung findet, desto mehr wird das bereits vorhandene Vokabular auf weitere Situationen verwendet, denn nicht nur der Pinguin ist schnell, sondern auch Papa's Auto. Die Kommunikationstafel wird allmählich mit Vokabular gefüllt und durch die ständige Anwendung stetig erweitert.

Ausgehend von den 100 wichtigsten Wörtern des Kernvokabulars im Deutschen (Boenisch/Sachse 2007) schlagen Experten (Andres et al. 2007) aus dem Bereich der Unterstützten Kommunikation den Aufbau eines Zielwortschatzes vor, der gut anhand der Wortschatzmodule und Kommunikationsfunktionen in Anlehnung an van Tatenhove (2008) eingeführt werden kann (Tab. 2). Das Arbeiten an einem Zielwortschatz ist von der Art der Kommunikationshilfe und der Kommunikationsform unabhängig. Die Repräsentationsformen des Wortschatzes können also in Form von Abbildungen, als symbolbasierte Kommunikationstafel, als Gebärden oder als Vokabular auf einem elektronischen Sprachausgabegerät dargestellt werden.

Tab. 2: Zielwortschatz für zwölf Module (Birngruber 2011a)

Kommunikationsfunktion	Zielwörter
1. Erstes Steuern von Aktivitäten	da, das, machen, mehr, weg, fertig, noch mal, anders, allein, halt, helfen, was, auch, schauen
2. Sich selbst, andere Personen und Besitzverhältnisse benennen	ich, bin, mein/s, du, bist, dein/s, er, sie, wir, eigener Name, Name 1, Name 2, Familie, Mama, Papa, Schwester, Bruder, Freund, Lehrer, Oma, Opa, für
3. Widerspruch und Protest ausdrücken	nein, nicht, anders, aber, falsch, kein, doch, Quatsch, „Kein Bock!"
4. Zeitliche Aspekte einer Aktivität steuern	jetzt, dann, langsam, schnell, warten, machen, später
5. Um eine Handlung bitten oder eine Handlung steuern	kommen, tun/machen, finden, sagen, holen, bekommen, sehen, geben, nehmen, gehen, erzählen, legen/stellen, wollen, mit, zusammen, oder
6. Eine Aktivität beschreiben oder kommentieren	gut, schlecht, heiß, kalt, groß, klein, Spaß, lustig, traurig, nass, trocken, schwer, leicht, neu, alt, hart, weich, auf, zu, voll, leer, falsch, richtig, doof, toll, am besten, laut, leise, sauber, schmutzig, lang, kurz, viel, wenig, cool, und
7. Um Gegenstände bitten und Gegenstände bemerken	das (da), Ding, Sachen/Zeug, bisschen, alle, auch, haben, möchten/wollen, bitten, der/die/das, etwas, ein
8. Positionen bezeichnen oder steuern	ein, aus, in, an, hoch/oben, unter, unten/runter, über, weg, hier, da, hinter, vor, hinten, vorne, neben, auf, zu, hin, her, (dr-)außen, bei
9. Um Informationen bitten	fragen, wer, wann, wo, warum, wie, was, wieviel
10. Befindlichkeiten oder Gefühle ausdrücken	bin/bist/ist/sind, haben, Spaß, Angst, Schmerzen, Hunger, Durst, glücklich, traurig, gut, müde, lieb/nett, langweilig, schlecht, aufgeregt, krank, gesund, lecker, eklig, ärgern, freuen, wir, mir, dir
11. Spezifische Tätigkeiten bezeichnen oder steuern	erzählen, arbeiten, essen, fahren, hören/zuhören, kaufen, kochen, lesen, schreiben, schwimmen, spielen, trinken, stehen, gehen, können, müssen, sitzen, liegen, teilen, malen, schlafen, anziehen, zählen, und, oder
12. Erweiterte Zeitkonzepte ausdrücken	Vormittag, Nachmittag, Mittag, Abend, Nacht, gestern, heute, morgen, früh, spät, war, später, danach, bald, dann, (zu-)erst, wenn, vorher

Ein Kind benötigt Vorbilder für seine Kommunikationsform. Die Bezugspersonen sollten z.B. die Kommunikationstafel kompetent mitnutzen, um dem Kind die Position und Verwendung des abgebildeten Vokabulars zu zeigen. Auch das Schaffen vielfältiger Kommunikationsanlässe zum sinnvollen Einsatz dieses Vokabulars im Alltag ist ein wichtiger Teil, den die Bezugspersonen übernehmen können (→Kap. 8.2).

Tabelle 3 zeigt eine Zielwortliste, wie sie im Förderzentrum Helfende Hände Anwendung findet.

Tab. 3: Zielvokabular aus dem Förderzentrum Helfende Hände (Birngruber 2011b)

PRONOMEN PERSONEN		WAS	VERBEN							ZEITEN & ADVERBIEN		
WER	es		+e	+st	+t	+d	ge+	be+	an+	WANN		allein
ich	mir	machen	abholen	erzählen	kaufen	raten	sitzen	waschen	auf+	Montag	heute	anders
mir	mein	bin/bist	ändern	fahren	klettern	reden	spielen	weh tun	aus+	Dienstag	morgen	auch
du	dein	ist/sind	ärgern	fallen	kochen	rennen	stecken	weinen	bei+	Mittwoch	gestern	da
er	sein	sein	antworten	fangen	kommen	reiten	stehen	wissen	mit+	Donnerstag	so	dann
sie	ihr	können	anziehen	finden	küssen	reparieren	stellen	wohnen	um+	Freitag	später	dort
wir	uns	könnte	arbeiten	fliegen	lachen	riechen	stoppen	werfen	ver+	Samstag	weg	bisschen
ihr	euer	gemacht	aussuchen	folgen	lassen	rufen	streichen	zahlen	vor+	Sonntag	wieder	fast
Mutter	Vater	haben	bauen	fragen	leben	sagen	suchen	zahlen	weg+		wirklich	fertig
Schwester	Bruder	habe/hat	beobachten	fühlen	lernen	schauen	trinken	zeigen	zu+	Tag	zusammen	genug
Oma	Opa	sollen	bekommen	füttern	lesen	schenken	tragen	ziehen		Woche	Frühling	hier
Mädchen	Junge	sollte	besuchen	geben	lieben	schieben	treffen	zufügen		W.-ende	Sommer	hin
Frau	Mann	war	bewegen	gehen	liegen	schlafen	umarmen			Monat	Herbst	her
Familie	Freund	waren	bleiben	glauben	machen	schneiden	vergessen			Jahr	Winter	immer
Person	Leute	wollen	brauchen	halten	malen	schreiben	verlieren					jetzt
Kind	Baby	willst/will	bringen	heben	mögen	schreien	vermissen			Früh	Sekunde	mal
Lehrer	Prakt.	werde	denken	helfen	nehmen	schwimmen	verstehen			Mittag	Minute	manchmal
Sprachth.	Assistent	dürfen	essen	heißen	passen	schütten	versuchen			Nachmittag	Stunde	nie
Physioth.	Ergoth.	müssen	erfahren	holen	probieren	sehen	vorstellen			Abend	Uhrzeit	noch
Bus-/Taxifahrer	Nachbar	NICHT	erinnern	hören	putzen	singen	warten			Nacht		noch mal
QU	W	E	R	T	Z	U	I	O	P	Ü		nur
A	S	D	F	G	H	J	K	L	Ö	Ä		sehr
	Y	X	C	V	B	N	M	,	.	?		

ADJEKTIVE				PRÄPOSITIONEN		BEGLEITER & SUBSTANTIVE						INTERJEKTIONEN
-er	am...-sten	WIE	WARUM	WO								
alt	glücklich	leicht	schön	an		alle	Bus	Haus	Party	Tisch		JA
ängstlich	groß	leise	schwer	auf		das	Cent	Hund	Platz	Toilette		NEIN
besser	gut	letzte/r	sicher	aus		der	Computer	Hunger	Problem	Tür		VIELLEICHT
beste/r	hart	lieb	spät	bei		die	Ding	Idee	Post	Unruhe		
böse	hell	lustig	stark	bis		dies/e	Durst	Insekten	Radio	Unterr.		ok
cool	heiß	mehr	süß	(dr)außen		ein/e	Eis	Jacke	Raum	Urlaub		Tschüß
doof	hoch	mittel	super	durch		einige	Essen	Katze	Rollstuhl	Wasser		Hallo
dreckig	interessant	müde	toll	für		irgend-	Euro	Klasse	Schmerz	Weg		Hi
dunkel	kalt	nass	traurig	gegen		jede/r	Fernseher	Körper	Schule	Zeit		Danke
echt	kaputt	nächste/r	unterschiedl.	herum		kein/e	Fest	Kreis	Schulstd.	Zeitung		Bitte
eklig	kein	nett	verrückt	hinter		erste/r	Flugzeug	Küche	Seite	Zeug		Guten Appetit
falsch	klug	nervig	voll	im			Form	Kunst	Serviette	Zuhause		Herzl. Glückw.
faul	krank	neu	viel	in		Arbeit	Frage	Licht	Spaß			Entschuldigung
freundlich	lang	richtig	wahr	innen		Auge	Freizeit	Medizin	Spiel			Überraschung
früh	langsam	ruhig	wenig	mit		Auto	Frühstück	Mund	Spielzeug			Willkommen
ganz	langweilig	sauber	weich	nach		Bad	Geld	Musik	Straße			Quatsch!
				neben		Beruf	Geschichte	Natur	Stuhl			
genug	laut	schlecht	wichtig	oben		Bett	Gesicht	Nummer	Supermarkt			ähnlich wie …
gesund	lecker	schlimm	wild	ohne		Bild	Gruppe	Ohr	Teil			Gegenteil
gleich	leer	schnell	wirklich	rein		Brille	Haare	Ort	Test			klingt wie …
				runter		Brotzeit	Hand	Papier	Therapie		Selbe Grupp.	Teil von …
schwarz	rot	gelb	blau	über		Buch	Hals	Pause	Tier		Wort ergänz.	beginnt mit …
weiß	grün	lila	orange	um							neu anfang.	ergänzen
0	1	2	3	unten		6	7	8	9		neue Idee	… am Ende hinzu
	Jan.	Feb.	März	unter		April	Mai	Juni	Juli	Aug.	Sept.	
Oktober	Nov.	Dez.		vor							Ende	… am Anf. hinzu
				vorn								
				von								
				zu								
				zurück								
				zwischen								
				KONJUNKTIONEN								
				aber								
				als								
				also								
				dann								
				doch								
				ob								
				oder								
				und								
				weil								
				wenn								
											LINKS	RECHTS

Informationen zur Studie von Boenisch 2003–2006 bzgl. der Fragestellung, welches Vokabular sowohl für die Sprachentwicklung als auch für die Alltagskommunikation relevant ist, können unter folgender Adresse heruntergeladen werden: *www.activecommunication.ch/media/Workshopunterlagen/ Artikel%20Kern-%20und%20Randvokabular%20in%20der%20Unterstuetzten%20Kommunikation.pdf*, 18.06.2012

Informationen zum Thema Zielwortschatz nach van Tatenhove stehen unter folgendem Link zum Download zur Verfügung: *www.prentke-romich. de/files/faltblatt_gails_tour_din_a3.pdf*, 18.06.2012

Boenisch, J., Sachse, S. (2007): Sprachförderung von Anfang an. Zum Einsatz von Kern- und Randvokabular in der frühen Förderung. Unterstützte Kommunikation 3, 12–19

Boenisch, J., Sachse, S. (2011): Rand- und Kernvokabular in der Unterstützten Kommunikation: Grundlagen und Anwendung. In: Handbuch der Unterstützten Kommunikation, von Loeper, Karlsruhe, 01.026.030–01.026.040

Leber, I. (2005): Wege der Vokabularauswahl in der UK. In: Boenisch, J., Otto, K. (Hrsg.): Leben im Dialog. Unterstützte Kommunikation über die Lebensspanne. Von Loeper, Karlsruhe, 245–259

Sachse, S. (2007): Zur Bedeutung des Kernvokabulars in der UK. Unterstützte Kommunikation 3, 7–10

Das Themenheft der Zeitschrift Unterstützte Kommunikation „Kern- und Randvokabular" (1/2011) liefert Informationen zur Vokabularauswahl.

6.2 Kommunikationsbücher

Definition

Kommunikationsbücher, die individuell für das Kind gestaltet werden, enthalten wichtige Informationen, die ein Kind mit (noch) unzureichender Lautsprache nicht an seine Umwelt weitergeben kann, in grafisch-schriftlicher Form fest. Es stellt eine Informationsquelle in Form einer Mappe für alle vertrauten und noch fremden Personen dar und sichert Kontinuität, Transparenz und Verlässlichkeit. Individuelle Kommunikationsbücher können in Form eines Ich-Buches, eines Tagebuches, einer Foto-Erzählmappe und/oder eines Mitteilungsheftes gestaltet werden.

Die Gestaltung von Kommunikationsbüchern sollte immer in Zusammenarbeit mit den Bezugspersonen, den pädagogischen und therapeutischen Fachkräften und vor allem dem Kind selber vorgenommen werden. Nicht nur Kinder mit komplexen Erscheinungsbildern profitieren von solch individuell erstellten Mappen. Auch Kinder, die sich bereits primär über Lautsprache verständigen, jedoch eine Sprachentwicklungsstörung auf rezeptiver und expressiver Ebene zeigen und somit häufig nicht verstehen bzw. nicht verstanden werden, haben einen großen Nutzen von diesen Büchern.

Gesprächsanlässe bieten

Das Betrachten eines Kommunikationsbuches, welches in Abständen aktualisiert werden sollte, bietet vielfältige Gesprächsanlässe und hat durch häufige Wiederholung einen hohen Übungseffekt. Dabei lassen sich auch das Symbolverständnis auf- und ausbauen und die Zeigegeste festigen. Weiterhin wird das Vokabular permanent erweitert, da immer neue Ereignisse dokumentiert werden.

Vorteile eines Kommunikationsbuches: Die Verwendung eines Kommunikationsbuches kann sich in mehrfacher Hinsicht positiv auf das Kind auswirken:

- Das Kind erlebt seine eigene Biografie und Identität.
- Das Kind entwickelt ein Symbolverständnis.
- Das Kind erfährt zeitliche Zusammenhänge.
- Das Kommunikationsbuch schafft konkrete Erzählanlässe.
- Das Kommunikationsbuch dient auch der Dokumentation von neuen Gebärden, Symbolen und neuem Wortschatz.

Mögliche Inhalte eines Kommunikationsbuches: Das Kommunikationsbuch gibt Informationen zum Kind selber, seiner Familie, seinen Freunden und seinen Haustieren. Die Kindergartengruppe oder Schulklasse, der Hort oder die Tagesmutter, die Betreuer und Therapeuten können mit Fotos und kleinen Steckbriefen beschrieben werden. Medizinische Hinweise und Besonderheiten des Kindes dürfen nicht fehlen. Weiterhin bewährt es sich zu dokumentieren, welche Dinge und Aktivitäten das Kind besonders gerne mag und auch besonders gut kann, bzw. welche Speisen und Tätigkeiten beim Kind unbeliebt sind. Eigene Fotomappen zu bestimmten Ausflügen und Ereignissen können erstellt werden (mein Zoobuch, mein Geburtstagsbuch, mein „Ich kann"-Buch). Besonders wichtig ist die Dokumentation der individuellen Kommunikationsmittel: Welche Handzeichen / Symbole versteht das Kind, bzw. welche Handzeichen / Symbole / Talker verwendet das Kind. Individuelle körpereigene Kommunikationsformen (Zeichen für

Zustimmung/Ablehnung) und vereinfachte Gebärden müssen berücksichtigt werden, damit das Kind auch von „neuen" Personen verstanden werden kann. Über das Kommunikationsbuch erfährt der Kommunikationspartner, welche Handzeichen/Symbole neu eingeführt wurden. So kann das Buch konkret Informationen aus der Sprachtherapie geben und auch aktuelle Übungsblätter enthalten.

Der Kommunikationspartner erhält Hinweise, wie er seine eigene Sprechweise verändern muss, um dem Kind in seinen Ausdrucksmöglichkeiten weiterzuhelfen. Er wird aufgefordert, aktiv die Handzeichen und Symbole zu nutzen, die dem Kind zur Verfügung stehen, und er soll vor allem darauf achten, dass das Kind viele Gelegenheiten zum „Sprechen" bekommt.

Nicht alle Inhaltspunkte müssen in den jeweiligen Kommunikationsbüchern vorhanden sein. Powerpoint-Vorlagen erleichtern die individuelle Gestaltung. Mit Schrift, Fotos, Postkarten, Zeichnungen, Symbolen und Eintrittskarten gelingt der direkte Bezug zum Kind. Es geht nicht um eine perfekte grafische Gestaltung eines Kommunikationsbuches, sondern vielmehr um den ständigen Gebrauch und die stetige Erweiterung mit den Mitteln, die momentan zur Verfügung stehen.

kein Anspruch auf Perfektion

Auf der Verlagshomepage können Auszüge aus einem Kommunikationsbuch (Zusatz 3) heruntergeladen werden.

Zur Ich-Buch-Vorlage nach Birngruber findet sich eine ausführliche Materialsammlung auf der Webseite von Sachse: *www.aac-forum.net/ich-buch.html*

Birngruber, C. (2010): Das „Ich-Buch". Eine individuelle Hilfe, um Informationen auszutauschen. In: Maier-Michalitsch, N., Grunick, G. (Hrsg.): Leben pur – Kommunikation bei Menschen mit schweren und mehrfachen Behinderungen. Selbstbestimmtes Leben, Düsseldorf, 142–163

Glindemann, R., Krug, B. (2012): Individualisierte Kommunikationsbücher. Sprachheilarbeit 1, 12–23

6.3 Auswahlverfahren (Scanning)

Verschiedene Auswahlverfahren, auch **Scanning-Verfahren** genannt, ermöglichen Menschen mit schweren körperlichen und/oder Sinnesbeeinträchtigungen das Auswählen in vielfältigen Situationen.

nicht-elektronische Auswahlverfahren

Der Schwerpunkt liegt auf der Beschreibung sog. „per Hand" angebotenen, nicht-elektronischen Auswahlverfahren. Diese sind eine gute Vorübung für ein noch nicht vorhandenes elektronisches Hilfsmittel. Außerdem bieten Scanning-Verfahren sehr effektive Kommunikationsmöglichkeiten, wenn ein bereits vorhandener Computer gerade nicht zur Verfügung steht. Die Entscheidung für eine Aussage kann durch **direktes** und **indirektes Auswählen** der körpereigenen oder hilfsmittelgestützten Selektionshilfe geschehen.

Direktes Auswählen

Das Kind wählt zwischen verschiedenen Vorgaben eine Möglichkeit aus. Die angebotenen Optionen können unterschiedlich ausfallen: Objekte, Fotokarten und Symbole sind möglich. Die Auswahl geschieht mittels einer Zeigegeste, welche nicht nur mit dem Finger ausgeführt wird, sondern auch mit anderen Körperteilen erfolgen kann. Auch durch ein vorher festgelegtes körpereigenes Zeichen, wie eine gezielte Blickrichtung, Blinzeln oder durch Kopfbewegungen kann eine Entscheidung für ein bestimmtes Element getroffen werden. Die motorische Beweglichkeit bestimmt die Form der aktiven Auswahl. Das Kind erkennt den Zusammenhang zwischen Objekt und Symbol, lernt zwischen diesen zu unterscheiden und kann selbstständig eine Entscheidung treffen. Das direkte Auswählen stellt keine Anforderungen an Speicherfähigkeit und Arbeitsgedächtnis und kann somit auch von Kindern mit Intelligenzminderung angewendet werden. Die Fähigkeit, eine gezielte Bewegung auszuführen und einfache Objekte sowie Bilder zu erkennen, wird jedoch vorausgesetzt.

Jonas (J), 9;3 Jahre mit starker Intelligenzminderung im Formenkreis einer Monosomie 22, hat noch Schwierigkeiten, seine Aufmerksamkeit auf Symbole zu fokussieren. Zwei Karten zur Auswahl werden ihm vorgelegt, und er darf selbstständig auswählen, was er haben möchte: Weintrauben oder Apfel. Nachdem er auf eine Karte gezeigt hat, wird ihm ein Tablett mit Weintrauben und ein Apfel hingehalten. Th gibt eine verbale Rückmeldung über die aktuelle Entscheidung und zeigt erneut das Symbol: „Du willst *Weintrauben*." J nimmt nun selbstständig eine Frucht. Im Falle einer fehlerhaften Auswahl wird dem Jungen erneut das Symbol mit den Weintrauben gezeigt und auf die Früchte gedeutet. Das Tablett mit dem Obst wird beiseite gelegt. J bekommt eine neue Chance, sich ein Symbol auszusuchen und anschließend das dazu passende Obst herauszusuchen. Nur im Falle einer richtigen Zuordnung wird er mit der Frucht belohnt. Mit der Zeit werden die Auswahlmöglichkeiten variiert und der Schwierigkeitsgrad schrittweise gesteigert. Es gibt drei oder mehr Symbolkarten zur Auswahl, sowohl mit begehrten und nicht begehrten Objekten. Weiterhin können leere Symbole angeboten werden. Sprachverständnis und Symbolverständnis werden gleichermaßen gefördert.

Indirektes Auswählen

Eine eindeutige Zeigegeste oder ein selbstständiges Greifen nach einer Karte und einem Objekt können manche Kinder nicht ausführen. Das Auswählen findet dann mit Hilfe verschiedener Scanning-Methoden statt. Minimale Bewegungsreste (z. B. Vokalisation von /a/, das Heben einer Hand als Zeichen der Zustimmung, das Zeigen der Zunge als Zeichen für Ablehnung) werden hier für die Auswahl genutzt.

Folgende Scanning-Verfahren werden dargestellt:

- auditives und visuelles Partnerscanning,
- manuelles auditives Scanning,
- Zwei-Tasten-Scanning,
- Scanning mit Hilfe einer Blickwahl-Tafel,
- Körperscanning.

Partnerscanning

Der Kommunikationspartner stellt dem Kind verschiedene Auswahlmöglichkeiten vor. Nachdem das Kind alle Auswahlmöglichkeiten erfahren hat, gibt es ein vereinbartes Signal der Zustimmung. Das Partnerscanning kann sowohl rein akustisch angeboten werden (auditives Partnerscanning), d. h. der Partner gibt verbal vor, was das Kind auswählen kann, als auch kombiniert mit visuellen Hinweisen (visuelles Partnerscanning). Der Kommunikationspartner zeigt auf die verschiedenen Symbole, die zur Auswahl stehen.

Dieses Verfahren ist zwar zeitintensiv, aber wenn die körpereigenen Zeichen des Kindes für den Kommunikationspartner klar zu erkennen sind, ist diese Kommunikationsform höchst effektiv und eindeutig. Das Partnerscanning bietet nicht nur eine Möglichkeit für Kinder, die motorisch nicht in der Lage sind, eine Form der Zeigegeste auszuführen.

zeitintensiv, jedoch effektiv und eindeutig

Mit dem Partnerscanning können das Verständnis für Entscheidungsfragen und ein Ja-Nein-Konzept hervorragend angebahnt und trainiert werden.

Das Kind muss alle Auswahlmöglichkeiten kennen, bevor es sich entscheidet. Diese bedeutet, dass alle Möglichkeiten im ersten Durchgang aufgezählt werden. Dann werden die verschiedenen Optionen noch einmal und langsam in der gleichen Reihenfolge angeboten, so dass das Kind mit seinem Zeichen für Zustimmung eine Auswahl treffen kann.

Manuelles Scanning

Wiederholung möglich

Die zur Auswahl stehenden Möglichkeiten werden nacheinander auf ein Sprachausgabegerät mit mehreren Ebenen gesprochen (z. B. Little Step-by-Step, Sequenza-Box →Kap. 3.3). Während des Aufnehmens der Aussagen hört das Kind, welche Möglichkeiten es gibt. Das Kind kann dann alle Aussagen nacheinander abspielen und dies bei Bedarf sogar wiederholen – ein großer Vorteil gegenüber dem auditiven Partnerscanning. Im nächsten Schritt drückt das Kind solange auf den Taster, bis das von ihm Gewählte zu hören ist. Das Kind hört dann auf, den Taster zu bedienen und bestätigt durch ein vereinbartes Signal der Zustimmung die Aussage. Die Methode kann auch über den Kommunikationspartner angeboten werden, welcher z. B. verschiedene Wunschobjekte oder -tätigkeiten auditiv zur Auswahl stellt. Das Kind drückt bei der gewünschten Aussage des Kommunikationspartners die Taste eines einfachen Sprachausgabegerätes (z. B. BigMac oder BigPoint →Kap. 3.3), die mit der Äußerung „Ja, das will ich!" belegt ist. Auf diese Weise kann zusätzlich die auditive Merkspanne geschult werden.

Zwei-Tasten-Scanning

Methode zur Ansteuerung

Bei einem Zwei-Tasten-Scanning wird mit einer „Läufer"- und einer „Stop"-Taste gearbeitet. Das Zwei-Tasten-Scanning ist eine Methode zur Ansteuerung auf einem meist komplexen Sprachausgabegerät. Auf dem Display des Sprachausgabegerätes erscheint eine Markierung, z. B. ein roter Rahmen um eine Zeile oder ein Block von Feldern. Mit der Läufertaste gibt das Kind den Befehl „weiter". Damit wird dann die Markierung über das Display weiter navigiert. Im ersten Schritt werden so Zeilen oder Blöcke von Feldern angewählt und im zweiten Schritt ein Feld innerhalb dieses Blockes ausgesucht. Zum Auswählen betätigt das Kind dann jeweils die „Stopp"-Taste.

Scanning-Verfahren durch Blickwahl

Augensteuerung

Der Kommunikationspartner belegt seine Körperteile mit bestimmten Aussagen (Abb. 11). Dies kann zunächst mit visueller Unterstützung erfolgen. Das Kind trifft Entscheidungen, indem es den entsprechenden Arm oder Oberschenkel mit dem Blick fixiert.

Das Körperscanning wird Corinna (C), 5;4 Jahre mit einer Muskeldystrophie kombiniert mit Autismus-Spektrum-Störung, über verbale Aussagen und visuelle Hinweise angeboten. Da bei C die Merkspanne noch sehr gering entwickelt ist, werden zusätzlich die Symbole an den Körperteilen (rechte und linke Hand, rechter und linker Oberschenkel) des Kommunikationspartners (KP) mit Klebeband befestigt. KP stellt die verschiedenen Auswahlmöglichkeiten vor: „Willst du trinken, essen, spielen oder ausruhen?" Dabei bewegt er immer das entsprechende Körperteil. C braucht viele Wiederholungen, um sich mit einer gezielten Blickgeste und einem lauten /aaa/, welches eindeutig als Zustimmung eingeordnet werden kann, für eine Option zu entscheiden.

Mit dieser Methode können die Blickwahl und das Kundtun einer Zustimmung immer weiter differenziert werden. Zudem werden kommunikative Eigenaktivität sowie die Entscheidungsfähigkeit gefördert. Gerade Kinder ohne gravierende kognitive Beeinträchtigungen, jedoch mit komplexen Kommunikationsbeeinträchtigungen (Mutismus, Autismus-Spektrum-Störung) oder motorischer Beeinträchtigung (Cerebralparese), profitieren sehr von dieser Methode.

Scanning mit farbiger Vorlage: Eine vielfältig einsetzbare Methode ist das Scanning mit einer farbigen Vorlage zur Blickwahl. Diese besteht aus einem Blickwahl-Rahmen und einer Blickwahl-Tafel. Für den **Blickwahl-Rahmen** wird ein einfacher Holz- oder Kartonrahmen, eine Laminierfolie oder eine Plexiglasscheibe angefertigt. Die äußeren vier Ecken werden mit einem blauen, roten, grünen und einem gelben Feld farbig markiert. Die **Blickwahl-Tafel** besteht aus zwei Ebenen. Sie hat vier große farbige Felder (blau, rot, grün, gelb), auf denen sich kleiner jeweils noch einmal diese vier Felder (blau, rot, grün, gelb) befinden. Auf der Tafel können also bis zu vier mal vier Karten mit Symbolen, Schriftzeichen, etc. zur Auswahl angeboten werden. Das Kind kann nun in zwei Schritten eine Wahl treffen. Im ersten Schritt sucht es sich ein großes Farbfeld aus, im zweiten Schritt ein kleines Farbfeld und damit das gewünschte Symbol. Zum Auswählen wird der Rahmen mit den farbig markierten Ecken genutzt, die das Kind per Blick auswählt. Da diese relativ weit auseinander liegen, kann der Kommunikationspartner leicht erkennen, in welche Richtung das Kind blickt.

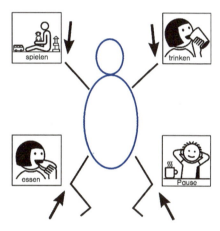

Abb. 11: Repräsentation von Wahlmöglichkeiten über verschiedene Körperstellen

Vorteile Auch diese Art des Scannings wirkt auf den ersten Blick kompliziert, folgt aber immer dem gleichen Schema und ist leicht verständlich. Deshalb wird sie erfahrungsgemäß relativ schnell erlernt. Die Vorzüge dieser Methode sind, dass so verschiedenste Spiele (z. B. Memory, Lotto), Zuordnungsübungen (z. B. Reime, Anlaute) und Lerninhalte (z. B. Rechenaufgaben) gestaltet werden können. Dadurch wird die Blickwahl-Tafel mit Farbcodierung sehr vielfältig einsetzbar. In →Kapitel 9.8 findet sich ein Fallbeispiel, welches das Vorgehen mit einer farbigen Vorlage zur Blickwahl beschreibt.

Vorlagen zur Blickwahl (Zusatz 4) stehen auf der Verlagshomepage zum Download bereit.

Blickwahl-Buchstaben-Tafel mit Farbcodierung: Darauf aufbauend kann das Anbieten einer Buchstabentafel erfolgen, die das Lesen lernen ermöglicht. Auf der Buchstabentafel sind die Buchstaben in sechs Blöcke unterteilt, die Blöcke sind farbig hinterlegt. In jedem Block befinden sich sechs Buchstaben. Über eine spiegelbildliche Darstellung für den Kommunikationspartner können beide Kommunikationspartner den gleichen Buchstaben sehen, obwohl sie sich gegenübersitzen. Mit dem ersten Blick wählt das Kind einen Buchstabenblock aus, in dem es mit der Blickrichtung nach oben links, oben mitte oder oben rechts, bzw. unten links, unten mitte oder unten rechts zeigt. Mit dem zweiten Blick wählt das Kind im ausgewählten Buchstabencluster auf die gleiche Weise den Buchstaben seiner Wahl aus.

Kritzelbriefe: Um mit solch einer Tafel zu arbeiten, muss man noch nicht schreiben oder lesen können. Man kann auch einfach „kritzeln". Das Kind zeigt verschiedene Buchstaben – wie bei der Blickwahl-Buchstaben-Tafel mit Farbcodierung beschrieben – und der Kommunikationspartner schreibt diese auf. Dann wird der Kritzelbrief vorgelesen. Phasen des Schriftspracherwerbs können somit aktiv gestaltet werden.

Eine Buchstaben-Blickwahl-Tafel nach ISAAC-Standard mit einer Anlautschrift (bei Zusatz 4) kann auf der Verlagshomepage heruntergeladen werden.

Das Themenheft „Kopf- und Augensteuerung" der Zeitschrift Unterstützte Kommunikation (4/2011) bietet dem interessierten Leser weitere Informationen zu Blicktafeln und Ansteuerungsmethoden.

Körperscanning

Zusätzlich zum auditiven Input werden hier taktile Markierungen angeboten, die das Kind zunächst abspeichern muss. Zwei bis vier verschiedene Stellen am Körper des Kindes repräsentieren Wahlmöglichkeiten. Der Gesprächspartner nennt dem Kind die Möglichkeiten und berührt mit leichtem Druck nacheinander die verschiedenen vereinbarten Körperstellen des Kindes und wartet auf das Zeichen für eine Zustimmung. Für Kinder mit Sehbehinderung eignet sich die Methode, wie auch für Kinder, die aufgrund fehlender Eigeninitiative Schwierigkeiten haben, direkt auf ein Zeichen zu deuten. Sie brauchen die Auswahlmöglichkeit über zusätzliche taktile Hinweise und können sich dann per Zustimmung oder Ablehnung für eine Option entscheiden.

Auswahl mit Hilfe von „Druckpunkten"

Zusammenfassung

Grundsätzlich beruhen alle Scanning-Verfahren auf demselben Prinzip, nämlich etwas in zwei Schritten auszuwählen. Zunächst wählt das Kind die Oberkategorie und anschließend die entsprechende Unterkategorie. Diese Verfahren bieten eine hervorragende Möglichkeit, strukturelle Vorbereitungen für hochkomplexe Kommunikationsanforderungen zu stellen, auch wenn die sprachtherapeutische Praxis oder das Kind (noch) nicht über elektronische Hilfsmittel verfügt.

6.4 Bild-Objekt-Austausch-Verfahren

Ein Beispiel für ein Bild-Objekt-Austausch-Verfahren stellt das Picture Exchange Communication System (PECS) dar. Dieses System wurde in den 1980er Jahren von Frost und Bondy ursprünglich für Kinder mit Autismus-Spektrum-Störung entwickelt. Das Lehrverfahren beruht auf verhaltenstherapeutischen und lerntheoretischen Methoden und ist übersichtlich und kleinschrittig in sechs Phasen aufgegliedert. Das vorrangige Ziel ist das spontane Initiieren einer kommunikativen Interaktion durch das Übergeben von Bildkarten. Das Picture Exchange Communication System erweist sich nicht nur für Kinder mit Autismus-Spektrum-Störung, sondern auch für Menschen jeden Alters mit sozial-kommunikativen Defiziten als ein preisgünstiges und einfaches Mittel, um eine eindeutige Verständigung zu ermöglichen. Expressive wie rezeptive sprachlich-kommunikative Fähigkeiten werden systematisch geschult und erweitert.

Picture Exchange Communication System

Die Vorgehensweise ist sehr komplex, und eine differenzierte Beschreibung würde den Rahmen dieses Buches sprengen. Es werden deshalb überblicksartig die **sechs Phasen** beschrieben (Abb. 12, Abb. 13).

- **Phase I:** Das Kind überreicht dem Kommunikationspartner eine Symbolkarte, um ein Wunschobjekt oder eine gewünschte Tätigkeit zu erhalten (z. B. Seifenblasen).
- **Phase II:** Das Kind holt eine Symbolkarte von einem entfernten Platz und übergibt diese dem Kommunikationspartner bzw. das Kind gibt die Symbolkarte einer außer Reichweite stehenden Person.
- **Phase III:** Das Kind lernt zwischen den Symbolkarten zu unterscheiden. Aus mehreren Symbolkarten wählt das Kind eine Wunschkarte aus.
- **Phase IV:** Durch die Aneinanderreihung von Karten bildet das Kind Aussagesätze, wobei das Wunschobjekt oder die Tätigkeit durch die Hinzunahme von Attributen immer differenzierter beschrieben wird.
- **Phase V:** Das Kind lernt, auf die Frage „Was möchtest du?" zu antworten. Aus einer Vielzahl von Symbolen, welche auf verschiedenen Seiten in einer Mappe befestigt sind, wird nun ausgewählt.
- **Phase VI:** Das Kind lernt, auf Fragen wie „Was hörst du?", „Was siehst du?" oder „Was hast du?" zu antworten. Ziel ist es dabei, verschiedene Verben zu benutzen und spontan zu kommentieren.

Hilfestellung — Vor allem in den ersten Phasen ist eine physische Unterstützung durch eine weitere Person, den sog. *Schatten*, notwendig, um ein entsprechendes Verhalten aufzubauen. Diese systematischen Hilfestellungen werden nach und nach wieder ausgeblendet (Frost / Bondy 2011).

Abb. 12: Satzstreifen: „Ich möchte Seifenblasen."

Abb. 13: Satzstreifen: „Ich möchte viele rote Gummibärchen."

  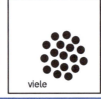 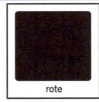 

 Das Picture Exchange Communication System kann nur im Rahmen von mehrtägigen Fortbildungen erlernt werden: *www.pecs-germany.com*.

Bach, H. (2003): Biete Bildkarte – Suche Gummibärchen. Die Anwendung des PECS. In: Handbuch Unterstützte Kommunikation. Von Loeper, Karlsruhe, 03.024.001–03.029.001

Frost, L., Bondy, A. (2011): Picture Exchange Communication System. Trainingshandbuch. Deutsche Übersetzung. 2. Aufl. Pyramid, Herrsching

Maria Lell entwickelte mit dem Transfer von Symbolen ein alltagsnahes Programm zum interaktiven Kommunikations- und Sprachtraining (TRANS-PIKS), das Ideen und Vorgehensweisen des Picture Exchange Communication System aufgreift, modifiziert und erweitert.

TRANS-PIKS

Dieses Verfahren wird im Rahmen einer zweitägigen Fortbildung von Frau Lell weitergegeben: *www.maria-lell.de*.

Im Folgenden werden einige Erweiterungsvorschläge des Picture Exchange Communication System (PECS), wie sie Lell (2011) in ihrem TRANS-PIKS-Programm ausarbeitet, beschrieben:

- Die Vorgehensweise erfolgt in acht Stufen in individuellem Tempo und flexibler Abfolge.
- Die auditive Rückmeldung des Satzstreifens, welcher vom Kind übergeben wird, wird mit Hilfe einer einleitenden Äußerung auf die jeweilige Sprecherrolle abgestimmt: „Das heißt: ‚Ich möchte den Ball'."
- Das Kommentieren von Eindrücken erfordert kein komplexes Satzmuster. So reicht es aus, wenn das Kind Äußerungen wie „Horch, ein Auto" oder „Schau, eine Katze" mit den Symbolkarten zeigt (Abb. 14).
- Kommunikationssteuerndes Vokabular (z. B. „nochmal", „fertig", „mehr", „etwas anderes", „ja", „nein" …) wird dem Kind zusätzlich zu den Symbolkarten für Objekte und Tätigkeiten zur Verfügung gestellt. Das spontane Kommentieren wird dadurch in hohem Maße angeregt.
- Kindern ohne oder mit nur unzureichender Lautsprache macht es große Freude, wenn ihre symbolischen Aussagen mit dem Anybook Reader (→Kap. 3.3) besprochen werden. So kann das Kind Wort für Wort mit dem Lesestab selber „sprechen".
- In den zusätzlichen Stufen sieben und acht wird das Übergeben von Karten auf Unterrichtsinhalte und sprachspezifische Zielsetzungen angewendet. Rechenaufgaben werden gelöst, phonologische Bewusst-

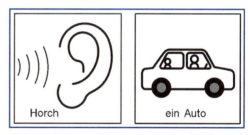

Abb. 14: Satzstreifen mit einer vollständigen natürlichen Äußerung: „Horch, ein Auto!"

heit wird geschult (Finden von Reimpaaren, Anlauten), Oberbegriffe werden zugeordnet und vieles andere mehr.
Die beschriebenen Varianten, welche in langjähriger Erfahrung erprobt wurden, gestalten ein Bild-Objekt-Austausch-Verfahren anwendungsfreundlich, effektiv und flexibel.

Eigene praxiserprobte Vorschläge

Zur Ergänzung finden sich im Folgenden eigene, erprobte Ideen:

- Ein **stufenweiser Aufbau zur Entwicklung selbstinitiierter kommunikativer Kompetenzen** in flexibler Abfolge wird in Anlehnung an Lell vorgeschlagen. So gibt es durchaus Kinder, die Symbole hervorragend unterscheiden können, jedoch noch Schwierigkeiten haben, die Distanz zwischen ihrer eigenen Person, dem Symbol und dem Kommunikationspartner zu vergrößern. In diesem Fall kann es angebracht sein, Stufen zu überspringen und zu einem anderen Zeitpunkt nachzuholen.

Lotte (L), 4;3 Jahre mit einer Autismus-Spektrum-Störung, zeigt bereits während der ersten Sitzung mit dem Ziel des selbstständigen Übergebens von Karten, dass sie sehr gut zwischen Symbolen differenzieren kann. Die angebotenen Seifenblasen sind nur innerhalb einer kurzen Sequenz interessant. Immer wieder schaut L auf andere, nicht erreichbare Objekte oder zeigt Tätigkeiten, die ihr Freude bereiten, z.B. das Weglaufen und das darauffolgende Gefangen-werden. So werden im Laufe der ersten Sitzungen mit Hilfe einzelner Symbolkarten bereits verschiedene Objekte und Tätigkeiten angeboten. Fehlerkorrekturen müssen nur selten vorgenommen werden. L reagiert aber nur dann korrekt, wenn der Kommunikationspartner (KP) in unmittelbarer Nähe ist. Sobald die Entfernung vergrößert wird und sich das Mädchen frei im Raum bewegen soll, fängt sie zu rennen an, um gefangen zu werden. Eine physische Hilfestellung durch eine weitere Person verleitet das Mädchen zu heftigen Schreiattacken, so dass die Sitzung jedes Mal abgebrochen werden musste.
Daraufhin wird die Vorgehensweise individuell angepasst, indem L von Anfang an verschiedene Symbole zur Auswahl bekommt. L agiert selbstständig und erlebt ihre Selbstwirksamkeit. Es macht ihr größten Spaß zu bestimmen, was gemacht werden soll. Erst zu einem späteren Zeitpunkt ist L dazu in der Lage, die Kommunikationsmappe an verschiedenen Orten zu suchen und mit einem weiter entfernten KP in Kontakt zu treten.

- Durch das **Anbieten von Handzeichen** wird die auditive Rückmeldung des Kommunikationspartners zusätzlich visualisiert. So werden dem (noch) nicht oder nur unzureichend über Lautsprache verfügenden Kind von Anfang an verschiedene Möglichkeiten der Kommunikation zur Verfügung gestellt (Handzeichen und/oder Symbole).

Die 4;4-jährige **Ella** (E) mit Autismus-Spektrum-Störung kommt ins Zimmer der Th und äußert spontan ihren Wunsch nach Seifenblasen, indem sie eine Geste ausführt (Hand an den Mund mit gleichzeitigem Pusten).
Th wiederholt diese Aussage: „Ella möchte Seifenblasen! Schau, da ist das Bild für die *Seifenblasen*." Dann werden die Seifenblasen geholt, und es wird gepustet.

Kommunikativ eingesetzte Gebärden haben immer Vorrang vor allen anderen körperfremden Kommunikationshilfsmitteln, da diese spontan und jederzeit verfügbar sind.

- Junge Kinder, z.B. solche mit einem ausgeprägten klinischen Bild einer Autismus-Spektrum-Störung, profitieren von einer **eindeutigen auditiven Rückmeldung** ihres Wunsches: „Ida möchte Seifenblasen." Das Anbieten der Pronomen „ich" und „du" findet zu einem späteren Zeitpunkt statt.
Wenn jedoch bereits mit Pronomen gearbeitet wird, ist es wichtig, bei der von Lell vorgeschlagenen Version („Das heißt, ‚ich möchte Seifenblasen'") zwischen den Aussagen „Das heißt …" und ‚ich möchte Seifenblasen' eine markante Pause […] zu setzen, um nicht Gefahr zu laufen, dass das Kind die komplette Äußerung übernimmt. Die einleitende Aussage muss auch nicht immer nach einem gleichbleibenden Muster ablaufen. So können Aussagen, wie „Das heißt, […]", „Das bedeutet, […]", „Du sagst, […]" abwechselnd angeboten werden.
- Es bewährt sich bei der Verwendung von Satzstreifen, **unterschiedliches Wortmaterial für das Prädikat** anzubieten, wie z.B. „ich will", „ich möchte" oder „ich mag".
- Das Sprechen in starren Satzmustern lässt nur geringe **kommunikative und grammatikalische Entwicklungen** zu. Subjekt und Objektphrasen können flexibel angeordnet werden, wenn das Prädikat an zweiter Stelle auf einem separat angeklebten roten Hintergrund markiert wird (Abb. 15).

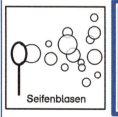

Abb. 15: Satzstreifen mit flexibler SPO-Struktur: „Seifenblasen möchte ich."

- Die Erfahrung zeigt, dass durch eine **variable Handhabung eines Bild-Objekt-Austausch-Verfahrens** auch sprachentwicklungsauffällige Kinder mit Schwierigkeiten im syntaktisch-morphologischen Bereich vom Einsatz der strukturierten Satzstreifen profitieren. Durch die Befestigung mit Klett werden die Satzteile neu zugeordnet, so dass immer wieder neue Satzmuster entstehen. Die visuelle Markierung und die gemeinsame Fokussierung auf die genannte Äußerung erleichtert das korrekte Sprechen. Durch entsprechende Symbole lassen sich morphologische Markierungen visualisieren (Abb. 16, Abb. 17, Abb. 18). Abhängig vom Entwicklungsstand des Kindes können diese Zeichen zusätzlich eingeführt werden.

Abb. 16: Genusmarkierung

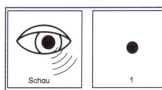

Abb. 17: Numerusmarkierung

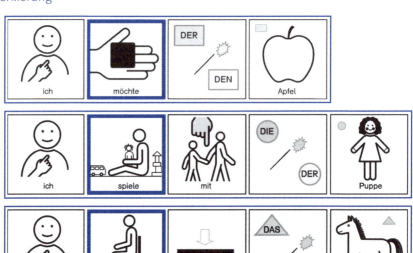

Abb. 18: Kasusmarkierung (Eisert/Rist 2009)

Zudem kann die Aussage auch mit dem AnyBook Reader vom Kind selbst besprochen werden. Die Motivation, korrekt zu sprechen, wird deutlich erhöht, und es macht dem Kind viel Freude, seine eigene Stimme zu hören.

Zusammenfassung

Die erfolgreiche Anwendung eines Bild-Objekt-Austausch-Verfahrens weist viele kleinschrittige methodische Besonderheiten auf, die nur in einem intensiven Training erlernt werden können. Die beschriebenen Erweiterungen für ein Bild-Objekt-Austausch-Verfahren bieten innerhalb eines strukturierten Rahmens viel Raum für Flexibilität und Spontanität, um einen echten kommunikativen Austausch zu ermöglichen. Zudem ermöglicht das strukturierte Schema des Satzstreifens wertvolle Ansätze für den Aufbau morpho-syntaktischer Strukturen.

6.5 Einsatz von Schriftsprache

Die Schriftsprache wird sowohl in der Unterstützten Kommunikation als auch in der Sprachtherapie verwendet. Der Einsatz von Schriftsprache hat viele Vorteile. Schriftsprache ist visuell und klarer als die meisten Bilder und Symbole. Besonders viele Begriffe aus dem Zielvokabular, das hochfrequent nutzbar ist und in der Förderung eine große Rolle spielt, lassen sich nicht mit eindeutigen Bildern darstellen.

Vorteile von Schriftsprache

Die Schriftsprachkompetenz eröffnet vielfältige Möglichkeiten der Verständigung und ergänzt das aktuell zur Verfügung stehende Vokabular. Gerade für Menschen ohne Lautsprache stellt sie eine besonders wichtige Form der Kommunikation dar. Der Weg zur Integration und Partizipation wird geebnet. Damit das Kind den Umgang mit dieser Kulturtechnik erlernen kann, muss es die kommunikative Funktion von Schrift erkennen, metasprachliche Fähigkeiten und Kenntnisse der phonologischen Bewusstheit erwerben (Whitehead 2007). Zudem sind Einblicke, die das Kind in die Schrift gemacht hat, von großer Bedeutung. Diese frühen Literacy-Erfahrungen, d.h. Erfahrungen rund um Buch-, Erzähl-, Reim- und Schriftkultur, beginnen in der Anfangsphase der Kindheit. So betrachten Eltern mit ihren Kindern Bücher, lesen Geschichten vor, erstellen Einkaufszettel und bringen ihnen bei, den eigenen Namen zu erkennen und zu schreiben (Whitehead 2007).

Teilhabe an Schriftkultur ist Integrationsfaktor

Der Zugang zu diesen wertvollen Vorerfahrungen darf den (noch) nicht oder unzureichend sprechenden Kindern nicht verwehrt bleiben. Mit Mitteln aus der Unterstützen Kommunikation können auch diese Kinder frühe Kontakte mit der Schriftsprache machen.

Einkaufszettel mit Symbolen

So lassen sich z. B. Einkaufszettel für das bevorstehende Rollenspiel im Kaufladen und den darauffolgenden Besuch im Supermarkt mit Hilfe von Symbolsystemen gestalten (Abb. 19). Die Symbole werden immer mit dem Schriftbild angeboten.

Mit Buchstaben-Blickwahl-Tafeln können Kritzelbriefe gestaltet (→Kap. 6.3) und der eigene Name geschrieben werden.

vereinfachte Lesebücher

(Bilder-)Buchinhalte und Texte lassen sich mit Powerpoint-Vorlagen, digitalen Symbolsystemen, eingescannten Bildern und Schriftzeichen auf ein Minimum reduzieren. Eigene Bücher, die sich inhaltlich auf die Interessen und den Lebensalltag des jeweiligen Kindes beziehen, schaffen Lust zum Lesen und fördern die phonologische sowie grammatikalische Entwicklung.

Abb. 19: Beispiel eines Einkaufszettels
(© Mayer-Johnson; Gutmair)

 Auf der Verlagshomepage können zwei Beispiele für Lesebücher heruntergeladen werden, die mit PowerPoint selbst gestaltet wurden: ein Lesetext mit vereinfachtem Phonemmaterial (Zusatz 5a) und ein Lesetext mit Symbolen und Handzeichen zur Markierung von Anlauten, Genus und Kasus (Zusatz 5b).

 Auch mit dem Tar Heel Reader können einfache Bilderbücher mit Schriftsprache und zusätzlicher Sprachausgabe gestaltet werden. Von der kostenlosen Internetseite können viele interessante Bilderbücher heruntergeladen werden. Registrierte Nutzer können zudem eigene Bücher erstellen.: *www.Tarheelreader.org/welcome-de*.

 In der Ausgabe „UK & Literacy" der Zeitschrift Unterstützte Kommunikation (1/2010) wird die Förderung der schriftsprachlichen Kompetenzen praxisnah erläutert.

7 Unterstützte Kommunikation und herausforderndes Verhalten

7.1 Begriffsklärung: Herausforderndes Verhalten

Herausforderndes Verhalten im Sinne von oppositionellen, aggressiven, selbstverletzenden, stereotypen, sich zurückziehenden und manchmal sehr überraschenden Reaktionen, begegnen uns immer wieder im sprachtherapeutischen Alltag.

herausforderndes Verhalten belastet

> „Oft aus heiterem Himmel belasten schwierige und inakzeptable Verhaltensweisen wie Wutanfälle, Kooperationsverweigerung, Aggressionen gegen Dinge und Menschen, Stören, autoaggressives Verhalten und dergleichen das soziale Miteinander und auch das persönliche Lernen" (Lell 2011, 82).

Nicht selten ist ein solches Verhalten Grund dafür, dass die sprachspezifische Zielsetzung nicht mehr verfolgt werden kann oder dass die Therapie – zumindest zeitweise – abgebrochen wird. Schwierige Verhaltensweisen belasten, verunsichern nicht nur den Betroffenen selber, sondern auch seine Bezugspersonen und die pädagogischen / therapeutischen Fachkräfte.

Die Wahrscheinlichkeit, dass Verhaltensprobleme bei Kindern und Jugendlichen mit Sprachentwicklungsproblemen auftreten, ist relativ hoch, da ein beeinträchtigter Spracherwerb immer auch Einfluss auf die Identitäts- und sozialemotionale Entwicklung haben kann (Bundschuh 2004; Carpenter / Drabick 2011). Zudem begegnen uns in der Praxis auch viele Kinder und Jugendliche mit komplexen Erscheinungsbildern.

Auftretenshäufigkeit

Menschen mit Intelligenzminderung entwickeln laut verschiedener Studien (Sarimski / Steinhausen 2008) im Vergleich zu Menschen ohne Intelligenzminderung drei- bis viermal so häufig eine psychische Störung, welche sich in herausforderndem Verhalten zeigt.

Bei Kindern mit sprachtherapeutischem Förderbedarf treten vermehrt schwierige Verhaltensweisen als Begleit- oder Folgeerscheinungen auf. Zu den Komorbiditäten bei Kindern mit Autismus-Spektrum-Störung zählen im hohen Maße Angststörungen, (Auto-)Aggressivität, Tics und motori-

Komorbidität

sche Unruhe (Noterdaeme 2010). Auch die Lese-Rechtschreibstörung hat häufig psychische Erkrankungen, wie z. B. Depressionen und Angststörungen, zur Folge (Schulte-Körner 2007).

Die Behandlung einer Sprachentwicklungsstörung im Kontext des Aufmerksamkeits-Defizit-Syndroms erweist sich häufig als große Herausforderung, da die kindlichen Reaktionen oft schwer einschätzbar sind, die Aufmerksamkeitsdauer extrem niedrig ist und ein stark ausgeprägtes Störungsbewusstsein das direkte Arbeiten an und mit Sprache sehr schwierig gestalten.

Planung von Interventionsschritten

Für das Planen von Interventionsschritten ist es notwendig, so genau wie möglich zu verstehen, welche Bedingungen zu herausforderndem und für die sozialen Beziehungen belastendem Verhalten führen.

Verhaltensanalyse und Befragung

Nur eine sorgfältige Verhaltensanalyse mit systematischer Befragung aller Bezugspersonen kann die Situationen mit dem jeweiligen Bedingungsgefüge erfassen, in denen das problematische Verhalten auftritt bzw. nicht beobachtet wird. Auf diese Weise kann das Entstehen von auffälligem und provokativem Verhalten im Kontext der eingeschränkten Handlungs-, Sprach- und Kommunikationsfähigkeiten des jeweiligen Menschen verstanden und nach Wegen gesucht werden, „[…] wie die betreffenden Kinder […] Kompetenzen erwerben können, um soziale Alltagssituationen anders zu bewältigen als mit problematischen Verhaltensweisen" (Bienstein / Sarimski 2011, 113).

Auslösefaktoren

Viele stereotype, zwanghafte, selbstverletzende und aggressive Verhaltensweisen sind Ausdruck eines Bedürfnisses, welches aufgrund sprachlicher und kommunikativer Beeinträchtigung nicht ausgedrückt werden kann, z. B.

- einer Abwehrhaltung,
- einer Verunsicherung,
- einer aktiven Suche nach Sicherheit,
- einer Schutzfunktion vor Anforderungen, die nicht bewältigt werden können,
- eines Rückzugs vor Eindrücken, die nicht verarbeitet werden können,
- einer Schwierigkeit, sich anzupassen,
- eines Bedürfnisses nach Zuwendung,
- einer Unterforderung und Langeweile.

Mit dem Einsatz von Methoden aus der Unterstützten Kommunikation auf der Basis von verhaltenstherapeutischen Techniken können herausfordernde Reaktionen im sozialen Umgang und in Anforderungssituationen (Unterricht, Stuhlkreis, Therapie) positiv beeinflusst werden.

7.2 Aufbau basaler Kommunikationsfähigkeiten

Gerade bei Menschen, die (noch) nicht oder nur unzureichend über Lautsprache verfügen, zeigt sich, dass die Wahrscheinlichkeit von aggressiven, destruktiven, selbstverletzenden Handlungsweisen abnimmt, wenn systematisch alternative Kommunikationsmittel angeboten werden, um Befinden, Bedürfnisse, drohende Überforderung mitteilen zu können.

Bild-Objekt-Austausch-Verfahren (z. B. PECS: Picture Exchange Communication System, TRANS-PIKS – Transfer von Symbolen: ein alltagsnahes sprachtherapeutisches Programm zum interaktiven Kommunikations- und Sprachtraining, →Kap. 5.4) oder der Einsatz anderer externer Kommunikationshilfen bieten hier eine Möglichkeit, die eigenen Bedürfnisse mit alternativen Mitteln zu äußern. Die Betroffenen lernen anhand eindeutiger Symbole und nachvollziehbarer Handlungsschritte (z. B. Geben einer bestimmten Bildkarte oder Betätigung einer bestimmten Taste eines Sprachausgabegerätes), den Wunsch nach „Hilfe", nach einer „Pause" oder nach einer bestimmten Aktivität einzufordern (Abb. 20).

externe Kommunikationshilfen

Abb. 20: Symbolkarten: „Ich brauche Pause", „Ich brauche Hilfe"

Eine Reduktion des provokanten Verhaltens wird vor allem durch das Erfahren von Selbstwirksamkeit erreicht und weniger durch die reine Kommunikationsanbahnung. Demnach ist es wichtig, das Bedingungsgefüge der herausfordernden Handlungsweisen immer mit den Inhalten der kommunikativen Möglichkeiten abzugleichen (Bienstein/Nußbeck 2009).

Erfahrung der Selbstwirksamkeit

7.3 Strukturierung und Visualisierung von Situation und Handlung

Die zentralen Aspekte des TEACCH-Programmes (Treatment and Education of Autistic and related Communication handicapped Children, Mesibov/Schopler 1994), ein fundierter und praktikabler Denkansatz, sind Strukturierung und Visualisierung.

TEACCH

Die räumliche Umgebung, die zeitlichen Abläufe und der situative Kontext werden in Form von

Strukturierung und Visualisierung

- Schrift,
- Symbolen,
- Fotos,
- Gegenständen,
- Markierungen,
- Plänen,
- Listen und
- Abgrenzungen

Abb. 21:
Symbolkarte für „Sprachtherapie" als Hinweis auf die bevorstehende Therapie

strukturiert, so dass die Kinder durch die Vorhersehbarkeit der Aufgaben und/oder der Ereignisse ein Gefühl der Sicherheit bekommen. Das Zeigen einer Karte mit dem Symbol für Sprachtherapie oder eines Fotos mit dem Therapeuten weist z. B. auf die bevorstehende Therapie hin (Abb. 21).

Das Umfeld kann mit Ortsbezeichnungen, Raumteilern, Bildern, Beschriftungen und farblichen Kennzeichnungen gestaltet werden. Der Arbeitsplatz wird so organisiert, dass jede Arbeitssequenz für das Kind ein deutliches Ende hat. So kommen beispielsweise erledigte Aufgaben in eine „Fertig-Kiste" (Bernard-Opitz 2007) (Abb. 22).

Abb. 22:
Fertig-Kiste

Zeitliche Strukturen werden durch visuell veranschaulichte Tagespläne, Uhren, Signale und Anfangs- sowie Abschlussrituale überschaubar gemacht. Visualisierte Handlungspläne, welche die selbstständige Ausführung einer täglichen Routine zum Ziel haben, z. B. Händewaschen, können eine große Hilfestellung in der Entwicklung der Selbstständigkeit, der Handlungskompetenz und Entscheidungsfähigkeit sein.

Untersuchungen zur Wirksamkeit des TEACCH-Programmes durch Befragung von Eltern und Fachleuten weisen durchwegs auf positive Effekte hin (Häußler 2008).

Einsatzmöglichkeiten in der Sprachtherapie

Räume mit Symbolen gestalten: Das Kind erkennt, wo sich welche Räumlichkeiten und Materialien befinden und welche Türen nicht geöffnet werden dürfen (Abb. 23, Abb. 24).

Abb. 23 li.:
Raumschild „Sprachtherapie"

Abb. 24 re.:
Hinweis auf „Stopp"

(Abb. 23 + 24: © Mayer-Johnson; Gutmair)

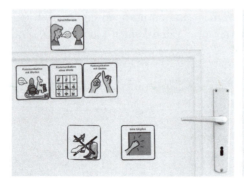
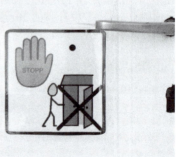

Gesprächsregeln visualisieren: Dem Kind wird verdeutlicht, dass es gut zuhören, hinschauen und leise sein soll (Abb. 25).

Unterschiedliche Phasen innerhalb der Therapiestunde aufzeigen und Arbeitsschritte visualisieren: Die Symbolkarten liegen in der richtigen Reihenfolge vor dem Kind. Sobald eine Phase beendet ist, wird das jeweilige Bild umgedreht (Abb. 26).

Verbleibende Arbeitszeit verdeutlichen: Eine Uhr mit Anzeige, z. B. time timer (*www.ariadne.de*), kann verwendet werden.

Handlungspläne erstellen: Mithilfe eines Pfeils nach unten (zuerst) und nach rechts (dann) wird die Abfolge „zuerst–dann" visualisiert (Abb. 27).

Belohnungssysteme markieren: Zusammen mit dem Kind wird z. B. vereinbart, dass fünf Aufgaben erledigt werden müssen. Die Zahl fünf wird durch Punkte visualisiert. Sobald eine Aufgabe fertig ist, wird ein Punkt durchgestrichen. Wenn alle fünf Punkte markiert sind, gibt es eine Belohnung (Abb. 28).

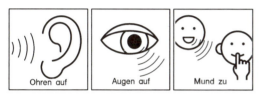

Abb. 25: Visualisierung von Gesprächsregeln

Abb. 26: Therapiestunden-Ablaufplan

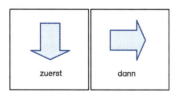

Abb. 27: Hinweis „zuerst – dann"

Abb. 28: Belohnungssystem

Durch visualisierte Pläne, bei denen die einzelnen Tätigkeiten nacheinander mit Bildern dargestellt werden, lassen sich Veränderungen des Geschehens leichter umsetzen. So kann die Förderung der Flexibilität der Kinder z. B. in Form von Variation des Therapieablaufplanes erfolgen. Es bewährt sich, die Karten zur Strukturierung der Stunde manchmal wegzulassen, die Kinder selbst nach den Arbeitsschritten zu fragen („Was kommt jetzt?") oder sie selbst etwas auswählen zu lassen bzw. eine Überraschungskarte anzubieten: „Heute ist alles anders" (Abb. 29, Abb. 30).

Abb. 29: Symbolkarten „Was kommt jetzt?"

Abb. 30: Symbolkarten „freie Auswahl" und „Überraschung"
(© Mayer-Johnson)

 Häußler, A. (2008): Der TEACCH-Ansatz zur Förderung von Menschen mit Autismus. 2. A. verlag modernes lernen, Dortmund

7.4 Visuelle Verhaltenspläne

Brown / Mirenda (2006) haben erstmals mit ihren *contingency maps* eine besondere Form der Verstehenshilfen durch die Visualisierung von gewünschtem und nicht gewünschtem Verhalten und den daraus entstehenden Konsequenzen veröffentlicht. Erwartungen werden in konkrete, wahrnehmbare Verhaltensweisen übersetzt. Besonders bei Kindern mit Schwierigkeiten in der Handlungsplanung bewirken Aussagen wie „Hör auf zu schreien!" keine Veränderung in ihrem Verhalten, da sie nicht selbstständig auf ein alternatives Handlungskonzept zurückgreifen können. Die explizite Vorgabe des gewünschten Verhaltens, z. B. „nicht laut, sondern leise sein", vermittelt dem Kind, was es anstatt des Schreiens tun kann (Abb. 31). Die grafische Darstellung hilft, auditive Verarbeitungsschwierigkeiten zu überwinden.

Abb. 31: alternatives Verhalten visualisieren

Ein visueller Verhaltensplan ist gekennzeichnet durch eine klare, neutrale Ausgangssituation, die Folge des problematischen Verhaltens und des gewünschten Verhaltens.

Aufbau eines visuellen Verhaltensplanes

Verhaltenspläne ermöglichen (in Anlehnung an Lell 2011)

- das Einsehen und Abgleichen der Auswirkungen von problematischen im Vergleich zu gewünschten Verhaltensweisen,
- das Reflektieren von gewünschtem und nicht gewünschtem Verhalten,
- die eigene Entscheidung, welche Verhaltensweise eingesetzt wird,
- den Aufbau von Eigenverantwortung und Selbstverpflichtung,
- den Abbau von schwierigem Verhalten.

Die Einführung eines Verhaltensplanes sollte immer in einer neutralen und ruhigen Situation (z. B. zu Beginn der Stunde) geschehen. Sobald während der Stunde eine Tendenz in Richtung des unerwünschten Verhaltens spürbar wird, dient der Plan als Erinnerungshilfe für das Kind. Erst nach mehrmaligem Erinnern wird die Konsequenz ausgeführt. Handelt es sich um eine konkrete absehbare Situation, in der eine Verhaltensänderung angestrebt wird, sollte der visuelle Verhaltensplan vorab neu besprochen werden, z. B. vor der Busfahrt, die mit unerwünschtem Verhalten verbunden ist.

Einführung in einer neutralen Situation

Diese Vorgehensweise sollte unbedingt mit allen Bezugspersonen abgestimmt werden, da gerade Wenn-dann-Versprechungen nur funktionieren, wenn die Folgen zu jedem Zeitpunkt in allen Lebenssituationen vertretbar sind und immer unmittelbar umgesetzt werden. Eine konsequente Haltung auf einer wertschätzenden Basis ist eines der schwierigsten Prinzipien im Miteinander.

Absprache mit allen Bezugspersonen

Die visuellen Verhaltenspläne zeigen einen großen Effekt und entlasten die Bezugspersonen und pädagogischen / therapeutischen Fachkräfte ungemein. Das Problemverhalten tritt wesentlich seltener auf, da das Kind selber Verantwortung für sein Handeln übernehmen kann.

90 Unterstützte Kommunikation und herausforderndes Verhalten

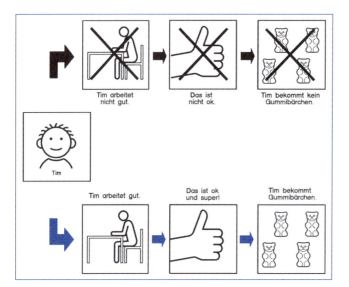

Abb. 32: Verhaltensplan mit künstlicher Konsequenz

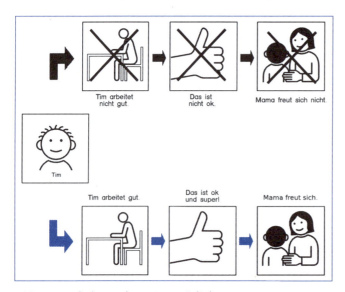

Abb. 33: Verhaltensplan mit natürlicher Konsequenz

Einsatzmöglichkeiten in der Sprachtherapie

Aufbau einer Arbeitshaltung mit Hilfe eines Belohnungsplanes: Die Einführung von Verhaltensplänen kann zunächst mit künstlichen Konsequenzen als Belohnungssystem angeboten werden, da diese vor allem in Situationen, die eine sofortige Reaktion erfordern, eine schnelle Wirkung zeigen (Abb. 32).

Um ein gewünschtes Verhalten langfristig zu evozieren, bewährt es sich, natürliche Konsequenzen anzubieten, da diese in direkter Verbindung mit dem Verhalten stehen und auch nachhaltig wirken (Abb. 33).

Oft zeigt sich, dass auch materielle Verstärker als soziale Verstärker wirken: Nicht das Gummibärchen, das das Kind bekommt, zeigt die Wirkung, sondern dass das Gummibärchen von einer ganz bestimmten Person kommt. Nur eine entsprechende, tragfähige Beziehung auf einer humanistischen Grundlage kann dies leisten.

Verknüpfung natürlicher und künstlicher Konsequenz So kann durchaus eine künstliche Konsequenz mit einer natürlichen Konsequenz verknüpft werden (Abb. 34). Zudem besteht die Möglichkeit, verschiedene Verhaltenspläne für unterschiedliche Abschnitte innerhalb der Sprachtherapie-Einheit bereitzuhalten. Am Ende der Stunde wird dadurch dem Kind nochmals sein Verhalten rückgemeldet.

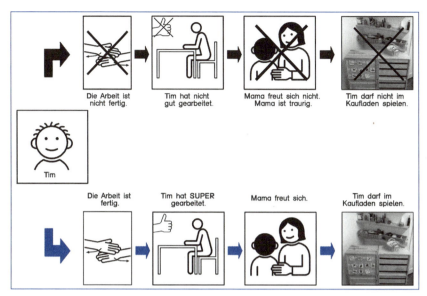

Abb. 34: Verhaltensplan mit natürlicher und künstlicher Konsequenz

Evozieren von gewünschtem, sozialverträglichem Verhalten: Das folgende Fallbeispiel zeigt eine sozial unerwünschte Verhaltensweise, welcher der in Abbildung 35 dargestellte Verhaltensplan zugeordnet werden kann:

Anton (A), 5;1 Jahre mit Autismus-Spektrum-Störung, berührt seine Mitmenschen gerne auf eine unangenehme Weise und an unpassenden Körperstellen. Er sucht auf diese Weise nach Aufmerksamkeit und Kontakt.

Abb. 35: Verhaltensplan für gewünschtes Verhalten

Das Warten bis zum Beginn des Stuhlkreises stellt für A eine große Hürde dar.

Erstellen von Verhaltensplänen für die Alltagsbewältigung: Im sprachtherapeutischen Setting können Verhaltenspläne erarbeitet werden, welche ihre Wirkung im sozialen Alltag zeigen sollen (Abb. 36).

Abb. 36: Verhaltensplan für gewünschtes Verhalten im Gruppenalltag

Da kindliche Verhaltensweisen sowohl im Alltag wie im therapeutischen Setting oft nicht vorhersehbar sind, bewährt es sich, auch Verhaltenspläne spontan mit Zettel und Stift durch Strichzeichnungen zu gestalten (Abb. 37).

Abb. 37: Strichzeichnung eines „spontanen" Verhaltensplans

Anbieten von visualisierten Bilder-Lern-Geschichten: Interaktionsstrukturen und unterschiedliche Verhaltensweisen werden mit Hilfe von Bilder-Lern-Geschichten (Gray 2004) in Form von wechselseitigen Zeichnungen verdeutlicht.

Der Aufbau einer *Theory of Mind*, der Fähigkeit, mentale Zustände wie Intentionen oder Wünsche anderer Personen zu erfassen, steht im Vordergrund. Das Kind sieht, was Menschen denken, sagen und tun. Gesagtes und Gedachtes wird durch Sprech- bzw. Denkblasen visualisiert. Strichzeichnungen oder Comicfiguren illustrieren verschiedene Sicht- und Verhaltensweisen in konkreten Interaktionen.

Comic Strips

Anton (A), 5;1 Jahre, hat eine große Vorliebe für Glühbirnen. Aufgrund seiner Autismus-Spektrum-Störung fällt es ihm schwer, zu verstehen, dass andere Kinder andere Spielsachen vorziehen, und so kommt es häufig zu Missverständnissen. Die Bilder-Lern-Geschichte zeigt ihm, was die anderen Kinder sagen und denken. Auf diese Weise kann A die Reaktionen der anderen Personen besser verstehen und ihr Verhalten einschätzen.

Ein Beispiel einer Bilder-Lern-Geschichte (Zusatz 6) kann auf der Verlagshomepage heruntergeladen werden.

Ein kostenloses Programm zum Erstellen eigener Comics steht im Internet unter *www.lego-comic-builder.de* zur Verfügung.
Das Buch „Punkt, Punkt, Komma, Strich" von Hans Witzig (2007) im Bassermann-Verlag, München, bietet eine Anleitung für einfache Strichmännchen-Zeichnungen.

Auch wenn in der Literatur visualisierte Bilder-Lern-Geschichten und soziale Anleitungen hauptsächlich in der Arbeit mit Menschen mit Autismus-Spektrum-Störung eingesetzt werden, lohnt sich der Einsatz dieses Mediums bei allen Menschen mit sozial-pragmatischen Schwierigkeiten.

Bestehen Schwierigkeiten, soziale Signale im kommunikativen Kontext korrekt zu deuten, können „Social Stories" (nach Gray 2004) und soziale Anleitungen (z. B. nach Matzies 2010; Schuster 2011) dazu dienen, dem Kind soziale Informationen zu geben, die ihm noch fehlen. Hier können Themen, wie „Jemanden freundlich begrüßen" oder „Um Hilfe bitten", mit Hilfe von Visualisierung angeboten werden. Abbildung 38 veranschaulicht dies.

Social Stories

Matzies, M., Schuster, N. (2009): Colines Welt hat tausend Rätsel. Alltags- und Lerngeschichten für Kinder und Jugendliche mit Asperger-Syndrom. Kohlhammer, Stuttgart

Matzies, M. (2010): Sozialtraining für Menschen mit Autismus-Spektrum-Störung (ASS). Ein Praxisbuch. Kohlhammer, Stuttgart

Schuster, N. (2011): Colines Welt hat neue Rätsel: Alltagsgeschichten und praktische Hinweise für junge Erwachsene mit Asperger-Syndrom. Kohlhammer, Stuttgart

Abb. 38: soziale Anleitung

7.5 Handzeichen als Unterstützung zur Verhaltenslenkung

Sowohl der Einsatz von Handzeichen als auch von Mimik und Gestik wirkt sich positiv auf das Erlernen gewünschter Verhaltensweisen aus. Diese nonverbalen Zeichen sind häufig wirkungsvoller für die Verhaltensänderung als die Erhöhung der Sprechlautstärke.

Reaktion der Kommunikationspartner wirkt verstärkend

Oft wirken die Kommunikationspartner verstärkend auf das unerwünschte Verhalten, indem sie ihren Ärger über das kindliche Fehlverhalten sehr emotional mit lauter Stimme zeigen. Solch eine starke Reaktion beeindruckt und erfreut die Kinder, und der Inhalt der Nachricht wird ausgeblendet. Das unerwünschte Verhalten löst beim Gesprächspartner eine Gegenwirkung aus, die das Kind als spannend empfindet. Eine wesentlich neutralere Reaktion mit klarer Mimik, entsprechenden Handzeichen, kurzen und eindeutigen Aussagen wirkt diesem Teufelskreis entgegen: Ein Händeklatschen, das Anheben des Zeigefingers als Erinnerungssignal, das Ertönen eines Gongs, das Zeigen von Handzeichen oder Symbolen für gewünschte Verhaltensweisen mit entsprechender Mimik kann herausforderndes Verhalten positiv beeinflussen. Sobald das Kind das gewünschte

Verhalten zeigt, wird es emotional übertrieben positiv verstärkt („Super! Du kannst heute aber gut arbeiten!"), in Verbindung mit Handzeichen und entsprechender Mimik.

So entsteht eine klare Fokussierung auf das gewünschte Verhalten, ohne das unerwünschte Verhalten zu verstärken. Eine völlige Nichtbeachtung des unangemessenen Verhaltens könnte genau das Gegenteil bewirken. Das Kind muss noch massiver reagieren und provozieren, damit es wahrgenommen wird.

Bei Kindern mit Autismus-Spektrum-Störung bewährt es sich, die Lautsprache in bestimmten Situationen ganz auszuschalten und nur visuell durch Handzeichen und/oder Symbole anzuzeigen, was man gerade von ihm erwartet. Die Erfahrung zeigt, dass diese Kinder plötzlich den Kommunikationspartner anschauen und spontan ihr Verhalten ändern.

Lautsprache ausschalten

Zusammenfassung

Insbesondere Kinder mit komplexen Erscheinungsbildern sollten auf ihrer Suche nach sozialer und emotionaler Sicherheit Menschen begegnen, die ihnen Zuverlässigkeit durch vorhersehbares Handeln, durch einfühlsame Führung, durch konsequentes Reagieren und durch großes Wohlwollen vermitteln können. Dabei lässt sich nicht jede Verhaltensauffälligkeit mit den eben beschriebenen Möglichkeiten aus der Welt schaffen. Oft ist herausforderndes Verhalten mit psychischen Störungen verbunden, welche einer psychotherapeutischen Intervention bedürfen. Bausteine Unterstützter Kommunikation und verhaltenstherapeutische Ansätze bieten jedoch konkrete Hilfestellungen, Anforderungssituationen zu strukturieren und den Kindern eine Möglichkeit zur Partizipation zu bieten.

8 Einbeziehung des Umfeldes

Mitarbeit und Schulung der Kommunikationspartner

Der Erfolg des Einsatzes Unterstützter Kommunikationsformen ist nicht nur vom Kind, sondern im besonderen Maße auch von der Schulung und Mitarbeit der Kommunikationspartner (Bezugspersonen und pädagogisch-therapeutische Fachkräfte) abhängig (Giel / Liehs 2010).

Befriedigende Beziehungen entstehen durch eine erhöhte Sensibilität der Bezugspersonen für die kommunikativen Signale sowie eine entsprechende Gestaltung des Umfeldes. Die Feinfühligkeit ist abhängig von den Ressourcen der Bezugspersonen, sich auf die kindlichen Bedürfnisse einzulassen, wobei der Grad der subjektiv erlebten Belastung in hohem Maße die eigene Befindlichkeit beeinflusst (Bienstein / Sarimski 2011).

8.1 Zusammenarbeit mit den Bezugspersonen

„Eltern sind die wichtigsten Menschen für ein Kind. Eines ihrer wertvollsten Geschenke an ihre Kinder ist, sie in ihrer Kommunikation und im Kontakt zur Welt zu unterstützen" (Rodrian 2009, 7).

Aus diesem Grund dürfen, sollen und müssen die Eltern und wichtigsten Bezugspersonen des Kindes aktiv am therapeutischen Prozess beteiligt sein.

Verunsicherung der Bezugspersonen

Kinder mit besonderen Entwicklungsverläufen reagieren auf die elterliche Zuwendung oft anders als es die Eltern erwarten. Manche Eltern fühlen sich dadurch zurückgewiesen und verunsichert. Die intuitive elterliche Didaktik ist nicht mehr spontan verfügbar. Die einen Eltern reagieren zögerlich, die anderen sind wiederum kontrollierend und sehr direkt. Die Kontaktaufnahme wird gestört und ein tragender Beziehungsaufbau gefährdet. Ein Teufelskreis beginnt. Ein sehr feinfühliges, psychologisch fundiertes Verhalten von Seiten des Therapeuten kann die Beziehung zwischen Eltern und Kind wieder tragfähiger werden lassen.

Aufgaben des Therapeuten

Dem Therapeuten kommen vor diesem Hintergrund vielfältige Aufgaben zu. Er

- stärkt die elterliche Kompetenz,
- weist auf Entwicklungsschritte hin und macht kindliche Erfolge für die Eltern wahrnehmbar,

- setzt Impulse und Akzente gemäß der Zone der nächsten Entwicklung,
- gibt wertvolle Hinweise, wie die jeweilige Zielsetzung im Alltag erprobt werden kann,
- agiert als Modell,
- freut sich über Entwicklungsschritte beim Kind und den Eltern.

8.2 Die Sprache der Kommunikationspartner

Gesprächsstrategien und Modellierungstechniken

Gesprächsstrategien und Modellierungstechniken, welche auf Sprachentwicklungsunterstützung ausgerichtet sind (Fey 1986; Dannenbauer 2002; Kaiser-Mantel / Schelten-Cornish 2008; Kaiser-Mantel / Schelten-Cornish 2009), haben eine unterstützende Funktion in der sprachlichen und kommunikativen Entwicklung bei Kindern.

sprachentwicklungsunterstützendes Verhalten

Andreas (A), 6;4 Jahre mit hochgradiger Schwerhörigkeit und Intelligenzminderung unklarer Genese, verfügt über einige körpereigene Kommunikationsformen, welche er bereits intentional einsetzen kann. Er ist im Begriff, eine Zeigegeste zu lernen, braucht hierfür jedoch viel Raum. Ein elektronisches Kommunikationsgerät steht ihm noch nicht zur Verfügung.

Transkript einer Sprachtherapiesequenz:
A schmatzt. Th: „Aha, du möchtest essen. Essen." Th holt zwei BigPoints und belegt diese mit dem Symbol und der Aussage „Banane" und „Apfel": Diese werden in Reichweite für A auf ein Holzbrett geklettet. Zusätzlich klettet Th zwei BigPoints mit dem Symbol und der Aussage „noch mal" und „fertig" rechts und links von A auf dem Holzbrett fest: „Was willst du essen? BANANE oder APFEL?" Th wartet ab.
A schmatzt. Th wiederholt: „Ja, du willst essen. Was willst du essen? Zeig's mir! BANANE oder APFEL?"

A schaut auf das Symbol „Apfel" und schmatzt.
Th: „Aha, du willst einen APFEL."
A bekommt ein Apfelstück. A wendet den Kopf weg.
Th: „Ach so! Keinen [...] APFEL. [...]. APFEL ist FERTIG! [...] Schau mal! BANANE."
A schaut das Symbol „Banane" an. Th: „Ah, du willst die BANANE."
A bekommt ein Stück Banane. A schaut wieder zum Symbol „Banane".
Th: „Ah, du schaust auf die BANANE. NOCHMAL BANANE. Deine Hand hilft dir beim Sprechen." Th. führt die Hand von A auf die entsprechenden BigPoints: NOCHMAL BANANE.
A bekommt nochmal ein Stück Banane.
Die Sequenz wird so oft wiederholt, wie A die Banane einfordert. Dies erfolgt zunächst mit dem Blick. Nach einer gewissen Zeit führt A seine Hand immer zielgerichteter in Richtung des BigPoints mit dem gewünschten Symbol.

Das Beispiel zeigt viele verschiedene Gesprächsstrategien und Modellierungstechniken:

- **Bestätigung der kindlichen Signale:** Bereits vorhandene Möglichkeiten der Verständigung (in diesem Beispiel auch Gesten, Blicke und orale Geräusche) werden anerkannt, einbezogen und umgesetzt.
- **Parallelsprechen:** Die kindlichen Signale, welche der Kommunikationspartner verstanden hat, werden in kurzen, einfachen Äußerungen ausgedrückt. So erfasst das Kind sprachliche Zielformen in Bezug auf seine aktuellen Wünsche und Bedürfnisse.
- **auditive Rückkoppelung und Erweiterung:** Die kindliche Äußerung wird durch die auditive Rückkoppelung dem Kind gespiegelt und im nächsten Schritt erweitert. Der Kommunikationspartner bietet neues wichtiges Vokabular an, z. B. „nochmal" und „fertig".
- **offene Frage stellen (z. B. Entscheidungsfragen):** Dem Kind werden Auswahlmöglichkeiten angeboten, um Selbstwirksamkeit und Eigenaktivität zu erweitern und das Symbolverständnis zu fördern.
- **Betonung der wichtigen Wörter:** Durch die simultane Verwendung von Lautsprache, Handzeichen und Symbolen kann das Kind die Wortbedeutungen multimodal erfassen.
- **Wiederholung und Sprechpausen:** Der Kommunikationspartner wiederholt hochfrequent die Aussagen des Kindes und seine eigenen Äußerungen. Zwischen den einzelnen Aussagen werden Sprechpausen eingelegt.

Mit Hilfe dieser Strategien kann das Kind seine Aufmerksamkeit immer wieder auf die Handlung und die dazugehörige Sprache lenken. Es lernt zu verstehen, indem es Wörter mit Handzeichen und Symbolen assoziiert. Das Kind erfährt nachhaltig, dass es ernst genommen wird und dass es selbst etwas zu sagen hat.

In der Interaktion mit Kindern, die (noch) nicht oder nur unzureichend über Lautsprache verfügen, ergeben sich weitere Besonderheiten, die beachtet werden müssen:

Jedes Kind hat seine eigene Sprache, die es zu unterstützen gilt: Alle Kommunikationspartner verwenden im Gespräch mit dem Kind die Sprache und das Kommunikationsmittel, welches das Kind bereits benutzt bzw. zu nutzen lernen soll. Dies gilt für alle unterstützenden Kommunikationsformen: Handzeichen, Zeigegesten, Augenbewegungen, Symbole, elektronische Hilfen.

auditive Rückkoppelung

Zusätzlich wird immer eine auditive Rückkoppelung gegeben – ganz gleich, wie beeinträchtigt das Kind ist, d. h. alle kindlichen nonverbalen und verbalen Kommunikationsversuche werden vom Kommunikationspartner verbal bestätigt. Durch dieses kontinuierliche verbalsprachliche Modell erhält das Kind einen ständigen Impuls, lernt Sprache zu verstehen und erkennt, wie Kommunikation im Alltag funktioniert.

Eine neue Sprache zu lernen, braucht seine Zeit: Sowohl für den Kommunikationspartner wie auch für das Kind muss Zeit für die Erprobungsphase des neuen Kommunikationsmittels eingeräumt werden. So kann ein spontanes, „unreflektiertes" Herumdrücken auf den Sprechtasten oder das Abkletten und Überreichen irgendwelcher Bildsymbole als ganz normaler Schritt innerhalb des Lernprozesses angesehen werden. Sprechen und Kommunizieren will ausprobiert werden, und eine Annäherung an die erwünschte „Zielsprache" gelingt erst nach und nach.

Kinder lernen Sprache nur durch Sprechen mit anderen: Alle Kinder, auch die, welche (noch) nicht oder nur unzureichend über Lautsprache verfügen, wollen sich mitteilen.

Sie brauchen vielfältige Gelegenheiten, um sich mit ihren kommunikativen Mitteln mit ihren erwachsenen und gleichaltrigen Partnern auszutauschen. Im Morgenkreis bietet ein einfaches Sprachausgabegerät mit nur einer Taste (z. B. BigMac, BigPoint) die Möglichkeit, selbst vom Wochenenderlebnis zu erzählen. Das Zeigen oder Überreichen von Symbolkarten kann auch ein anderes Kind dazu auffordern, einen bestimmten Gegenstand dem (noch) nicht verbal kommunizierenden Kind zu überreichen. Das (noch) nicht über Lautsprache verfügende Kind wird durch die Kommunikation mit nonverbalen Hilfsmitteln auch für alle anderen Kinder in der Gruppe interessant und in das kommunikative Gruppengeschehen miteinbezogen.

vielfältige Austauschmöglichkeiten bieten

Die Erfahrung zeigt, dass sprechende Kinder sich gerne bemühen, den Einsatz verschiedener nonverbaler Kommunikationsmittel (z. B. Symbole, Handzeichen für Wörter und Laute) zu verstehen.

Kinder hören vom Kommunikationspartner das, was sie gerade tun: Der Kommunikationspartner beschreibt die Hier- und Jetzt-Situation des Kindes. Somit hört und sieht das Kind, was gerade passiert.

Mutter: „Wir gehen nach draußen. Es ist kalt. Ich ziehe die Jacke an. Du ziehst die Jacke an."

Kinder lernen in der Wiederholung: Der Kommunikationspartner wiederholt nicht nur kontinuierlich die kindliche Äußerung bzw. Reaktion, sondern wiederholt auch stetig die kommunikativen Anlässe, in denen das Kind Reaktionen und zunehmend Teilnahme zeigt.

„Kinder mit Kommunikations- und Sprachentwicklungsproblemen benötigen in der Regel viel mehr Zeit und viel mehr Wiederholungen, um Sprache und Situationen verarbeiten zu können und adäquat zu reagieren" (Lell 2007, 9).

Der Kommunikationspartner bietet immer wieder die gleiche kommunikative Äußerungsmöglichkeit in unterschiedlichen Kontexten und mit

unterschiedliche Kontexte

unterschiedlichem Material an. Ansonsten besteht die Gefahr, dass die Wiederholung als sinnlos, zeitverschwenderisch und langweilig für alle Beteiligten empfunden wird. So kann das Handzeichen für „auf" in unterschiedlichen Kontexten erfolgen: Die Tür wird aufgemacht, aber auch die Brotzeitdose, die Jacke, die Box mit den Gummibärchen und die Klappen in einem Pop-Up-Bilderbuch.

Kinder brauchen von weniger „mehr": Die kommunikativen Anlässe sollten für das Kind immer überschaubar sein. Wenn der Kommunikationspartner zu viel an verschiedenen Symbolen und Handzeichen auf einmal anbietet, nimmt er dem Kind die Chance zu lernen. Schon allein das stetige Wiederholen einer „nochmal"-Gebärde oder eines „nochmal"-Symbols reicht für den kommunikativen Inhalt aus, und das Kind kann nachhaltig die Wirkung auf seine Reaktion erfahren. Es bekommt immer wieder den beliebten Gegenstand, oder die Mutter singt immer wieder das gleiche Lied.

Kinder interessieren sich für das wirklich Wichtige: Der Kommunikationspartner spricht nur das aus, was gerade wichtig ist. Die Stille in der Interaktion mit Kindern ohne Lautsprache darf nicht mit „Viel-Sprechen" kompensiert werden:

- Ein Stofftier fällt vom Tisch. Mutter: „/Ooooo/" mit entsprechender Mimik und Intonation.
- Die Tür geht zu. Mutter: „Zu!"

Kinder brauchen viel Übung: Lernt das Kind z. B. gerade DGS- und/oder PMS-Handzeichen, Geräusche oder auch Wörter für einige Tiere, so ist es wichtig, im Alltag alle Situationen, in denen diese Tiere vorkommen, zu nutzen und die kindliche Kommunikation anzuregen.

Die Familie von **Lucas** (L), einem 2;8-jährigen Jungen mit stark verzögerter Sprachentwicklung, sieht beim Spazierengehen Kühe auf der Weide:
Die Mutter (M) zeigt auf die Kuh: „Schau mal, eine […]"
M wartet die kindliche Reaktion ab. L zeigt auch auf die Kuh.
M: „Ja, eine K<u>uh</u>, die macht **mm**<u>uh</u>."

M zeigt auf eine weitere Kuh: „Schau mal, noch eine […]!"
M wartet die kindliche Reaktion ab. L zeigt wieder auf die Kuh.
M: „Ja, noch eine <u>Kuh</u>, die macht **mm**<u>uh</u>."
L imitiert: /**mmm**uh/ und führt die Lautgebärde aus.
M: „Ja, die <u>Kuh</u> macht **mm**uh!"

Lucas zeigt den Ball und lautiert: „/ba/." Mutter: „<u>Super</u>! Ein <u>Ball</u>."

Kinder wollen gelobt werden: Der Kommunikationspartner lobt das Kind für alle seine Sprach- und Kommunikationsversuche.

Kinder wollen staunen: Kommunikation entsteht durch Reibung. Gerade in Situationen, die dem Kind sehr vertraut sind, kann der Kommunikationspartner Unerwartetes tun. Auch absichtliches Missverstehen in routinierten Abläufen schafft Kommunikationsanlässe. Das Kind ist erstaunt, neugierig und im engen, echten Kontakt mit seinem Kommunikationspartner.

Mutter (M): „Wir ziehen jetzt die Schuhe an." M zieht den Schuh von L an.
M: „Oooh (+ Mimik und Intonation), passt nicht!"
M zieht ihren Schuh L an. M: „Oooh, passt nicht!"
L protestiert und zieht seinen Fuß weg. M bestätigt die Reaktion: „Nein!"
M zieht dem Kind den richtigen Schuh an: „Passt!" L strahlt M an.

Kinder brauchen Kommunikationspartner, die warten können: Das Abwarten der kindlichen Reaktion stellt oft eine nicht ganz einfache und selbstverständliche Verhaltensweise für die Bezugspersonen von Kindern mit Entwicklungsauffälligkeiten dar. Die Eltern sind häufig gerade wegen der geringen, verlangsamten oder ungewöhnlichen, vom „Normalzustand" abweichenden kindlichen Reaktion verunsichert und handeln deswegen häufig vorschnell, korrigierend und direkt. Beim gemeinsamen Spiel mit dem Ball oder bei der Betrachtung eines Bilderbuches stellen die Eltern oftmals zu schnell und zu viele Fragen, z. B.: „Willst du den Ball haben?" oder: „Was ist das?", ohne zu beachten, ob sich das Kind mit der gleichen Sache beschäftigt. Die kindlichen Reaktionen können manchmal ganz minimal ausfallen. Schon ein Blick auf den gemeinsamen Gegenstand kann eine solch minimale Reaktion sein und dann von der Bezugsperson wahrgenommen und kommentiert werden.

Andreas (A) schaut zum Ball.
Th: „Ball." Th nimmt den Ball und bringt ihn auf Augenhöhe von A.
A schaut zum Ball und bestätigt somit die Antwort.
Th: „Ball." Th zeigt erneut auf den Ball: „Wir spielen Ball."
Das gemeinsame, freudvolle Spielen mit dem Ball kann folgen.

Beim gemeinsamen Betrachten eines Pferde-Bilderbuches zeigt der Kommunikationspartner (KP) nur auf eine Abbildung, äußert ein fragendes „ein?" und wartet ab. Vielleicht reagiert das Kind schon selbst mit einem Blick, einer Zeigegeste, einem Handzeichen oder einer Äußerung. Jede kindliche Reaktion wird verstärkt, und KP gibt eine multimodale Rückkoppelung mit Handzeichen, Zeigegeste und verbaler Antwort: „Ja, ein Pferd!".

Bilderbuchbetrachtung

Das Aufsagen von Krabbelversen kann auch mit einer Zeitverzögerung angeboten werden: „Es sitzen zwei Vögel auf dem Dach. Der eine fliegt

Krabbelverse

weg, der andere fliegt weg. Der eine kommt wieder, der andere kommt wieder. Schon sitzen sie alle beide wieder."

Die jeweiligen Endreime und dazugehörigen Bewegungen werden mit entsprechender Zeitverzögerung dargestellt. Das Kind wird jedes Mal erwartungsvoll angeschaut und dadurch aufgefordert, die fehlenden Elemente selbst einzufügen. Diese können Handzeichen und/oder einzelne Wörter darstellen. Die kindlichen Reaktionen brauchen Zeit. Ungeduld und ständiges Nachfragen sind hier fehl am Platz.

Reagieren will gelernt werden: In der Praxis begegnen uns immer wieder Kinder, deren Reaktion nicht sofort sichtbar ist. Hier sind die Bezugspersonen manchmal der Überzeugung, dass von ihrem Kind weder eine Antwort, noch ein Signal komme.

Schwer kommunikationsbeeinträchtigte Kinder haben oft noch wenig Erfahrung damit, wie sie überhaupt eine Antwort auf die sozialen Angebote zeigen können. Das Kind braucht Hilfestellungen, damit es adäquate Reaktionen erlernen und am gemeinsamen Tun teilnehmen kann.

Schaffen von natürlichen Kommunikationsanlässen

Das Kind soll in ganz verschiedenen Situationen mit den kommunikativen Mitteln, welche ihm zur Verfügung stehen, mitreden. Der Alltag bietet hierfür viele Möglichkeiten:

Routinen/Rituale nutzen

Das alltägliche Anziehen, das Warten auf den Bus, die Zubettgeh-Situation, das gemeinsame Singen von Liedern, das Anbieten von Versen und das Betrachten von Bilderbüchern können für das Kind etwas immer Wiederkehrendes darstellen. Auch die Kommunikation verläuft hier immer ähnlich:

Kommunikationspartner (KP): „Komm, wir gehen zum Bus." KP und **Sebastian** (S) 4;4 Jahre mit schwerer Intelligenzminderung infolge eines akuten perinatalen Sauerstoffmangels, gehen zum Bus.
KP: „Wir schauen nach dem Bus." KP und S schauen nach dem Bus.
KP: „Ooooh, der Bus ist nicht da!"
KP: „Nochmal schauen!" KP und S schauen nochmal.
KP: „Aaah, der Bus kommt!" Der Bus fährt heran und hält an.
KP: „Stopp!" KP: „Du darfst einsteigen. Auf Wiedersehen!" S winkt..

Mit der Zeit wird das Kind selbst immer mehr Handzeichen und/oder Vokalisationen aus diesem Setting übernehmen. Dieses Beispiel kann wiederum für andere Situationen stehen und in vielfältigen Variationen wiederholt werden.

KP: „Wir schauen nach dem Papa!"
KP: „Ooooh, der Papa ist nicht da!"

Kinder brauchen Wörter: Bei ständig wiederkehrenden Situationen, wie dem gemeinsamen Essen und Spielen, sollen dem Kind immer Möglichkeiten zur Auswahl gegeben werden. Die entsprechenden Symbolkarten sind z. B. auf einem Brett mit Klettstreifen angeheftet.

Kommunikationspartner (KP): „Heute gibt es *Kartoffeln* und *Ei*. Was magst du essen? *Kartoffeln* oder *Ei*?"
Sebastian (S), wählt etwas aus. Auch wenn ihm das Symbol für die Kartoffel noch unbekannt ist und S eher zufällig dieses Symbol gezeigt hat, interpretiert KP wie folgt:
KP: „*Kartoffeln*. S will *Kartoffeln*." S bekommt Kartoffeln.
KP: „Schau mal, es gibt noch *Ei*." S zeigt auf das Symbol „*Ei*" und KP interpretiert wie oben: „S will *Ei*."
Falls sich das Kind nichts auswählt, kann auch vom Erwachsenen entschieden werden, was das Kind probieren soll.
KP: „S bekommt ein *Ei*."
Wenn der Teller leer ist, kann sich S erneut etwas aussuchen oder auf das „fertig"-Symbol zugreifen.

Kinder wollen nicht aus- und abgefragt werden: Der Kommunikationspartner zeigt dem Kind, was er heute mitgebracht hat, z. B. eine Leuchtkugel oder eine Milchschnitte. Er bewegt den Gegenstand oder raschelt mit der Milchschnitte. Er kann indirekt formulieren: „Ich bin gespannt, ob dir das gefällt", oder „Ich glaube, das schmeckt dir". So kann das Kind selbstständig und aus eigener Initiative mit einer „her"-Geste reagieren. Die direkte Frage: „Willst du das haben?" stellt eine Konfrontation für das Kind dar, die keine Zeit für das Erwecken eines eigenen Antriebs lässt.

Kinder brauchen Hilfe: Der Kommunikationspartner berührt das Kind nur leicht am Oberarm, vielleicht kann es dann schon selbstständig das hochfrequent angebotene Handzeichen oder eine Zeigegeste ausführen.

Manchmal braucht das Kind eine ganz konkrete Hilfestellung. Der Kommunikationspartner befühlt z. B. zusammen mit dem Kind den Hasen, formt dabei auch die Gebärde für „Hase" und spricht immer dazu. Vielleicht handelt das Kind beim nächsten Mal schon eigenständiger.

Das gemeinsame Ausführen einer Handlung sollte jedoch nur stattfinden, wenn das Kind trotz der wiederholten Darbietung des Modells keine Reaktion zeigt.

Das Prinzip „Soviel Hilfe wie nötig, so wenig Hilfe wie möglich" muss immer wieder neu überdacht werden und an den kindlichen Entwicklungs-

gemeinsames Ausführen einer Handlung

soviel Hilfe wie nötig, so wenig wie möglich

prozess angepasst werden. Das systematische Ausblenden von Hilfestellungen kann im Zuge von verhaltenstherapeutischen Konzepten gelernt werden (Cooper et al. 2007).

Kinder und Eltern wollen Vorbilder: Für all die beschriebenen Gesprächsstrategien ist der Therapeut Modell – sowohl für die Eltern als auch für das Kind. Ein Interaktionstraining, wie das niederländische COCP-Partnertrainingsprogramm von Heim 2001 oder die frühe interaktive Sprachtherapie mit Elterntraining von Schelten-Cornish, bieten gute Möglichkeiten, die Bezugspersonen durch Lernen am Modell mit Videoanalyse und Reflexion anzuleiten.

Schelten-Cornish bietet zweitägige Seminare zum Elterntraining an: Frühe interaktive Sprachtherapie mit Elterntraining FiSchE: *www.sprachtherapie-sc.de/g_fische.htm*.

Schelten-Cornish, S. (2006): Die polarisierte Aufmerksamkeit in der Sprachtherapie: Zielimmanente Wiederholung bei nicht oder kaum sprechenden Kindern (FiSchE Konzept). L.O.G.O.S. INTERDISZIPLINÄR 14 (4), 256–263

Heim, M., Jonker, V., Veen, M. (2008): COCP: Ein Interventionsprogramm für nichtsprechende Personen und ihre Kommunikationspartner. In: Handbuch der Unterstützten Kommunikation. Von Loeper, Karlsruhe, 01.026.007–02.026.015

8.3 Notwendigkeit einer interdisziplinären Zusammenarbeit

Alle tun das Gleiche.

Ein modernes Verständnis von Sprachtherapie, in der sprachlich-kommunikative Zielsetzungen gleichberechtigt nebeneinander stehen, erfordert, dass alle Bezugspersonen und pädagogische / therapeutische Fachkräfte dazu beitragen, Kommunikation im Alltag zu ermöglichen. Die sprachlich-kommunikative Intervention kann und darf nicht in einer 1:1-Interaktion im „stillen Kämmerlein" stattfinden. Dies erfordert ein Miteinander aller Beteiligten.

multiprofessioneller Rahmen

Dieses Miteinander benötigt einen multiprofessionellen Rahmen, in dem jeder vom Spezialwissen des anderen profitiert, seine eigene Denkweise erweitern und den Blickwinkel verändern lernt. Eine einzelne Fachdisziplin kann das Spektrum menschlicher Entwicklung nicht abdecken.

Interdisziplinäre Teams, verbindliche Absprachen und einheitliche Dokumentationen sind Gestaltungselemente in einem multiprofessionellen Rahmen. Dieser ist gleichsam die Bedingung dafür, dass nicht die Ziele der Bezugspersonen und der pädagogischen Fachkräfte, sondern die Ziele der Betroffenen formuliert und erreicht werden können (Giel / Liehs 2010). Ein stabiles, tragfähiges Netz entsteht, wenn das Kind mit seinen individuellen Bedürfnissen im Mittelpunkt steht (ISB 2009, 37).

Gestaltungselemente

Zusammenfassung

Es ist eine zentrale Aufgabe des Therapeuten, die Bezugspersonen an der Therapie teilhaben zu lassen und ihnen langsam und verständlich die kommunikationsunterstützenden Strategien zu vermitteln. Eltern können mit einer professionellen Anleitung lernen, die Signale ihrer Kinder besser zu verstehen und die sprach- und kommunikationstherapeutischen Zielsetzungen mit der notwendigen Häufigkeit im Alltag umzusetzen. Genauso wichtig sind der Austausch und die Zusammenarbeit mit einem multiprofessionellen Team.

9 Multimodale Verknüpfung sprachspezifischer Verfahren und Methoden aus der Unterstützten Kommunikation: Fallbeispiele

Bei der Arbeit mit Kindern mit komplexen Sprach- und Kommunikationsstörungen ist es notwendig, sprach- und kommunikationszentrierte, ergänzende und unterstützende Kommunikationsformen, verhaltenstherapeutisch und lerntheoretisch fundierte Methoden und Programme zu kombinieren. Keiner dieser Ansätze allein kann den Ansprüchen der Kinder mit komplexen Erscheinungsbildern genügen.

Kombination der Verfahren

Nur durch die Kombination der Stärken der unterschiedlichen Programme und Methoden können sehr flexible und individuell angepasste Interventionsmaßnahmen gestaltet werden, die dann wiederum in den Alltag übertragen werden können. Je nach Schwere und Art der Behinderung und den jeweiligen Entwicklungsmöglichkeiten muss auf der Grundlage einer fundierten Diagnostik die Auswahl der sprachlich-kommunikativen Interventionsziele und der möglichen sprachtherapeutischen Zielsetzungen erfolgen. Priorität im Rahmen der Sprachtherapie soll immer die Unterstützung der linguistischen Ebene erhalten, der aktuell die größte Bedeutung in Bezug auf gesellschaftliche Kommunikation und Teilhabe zukommt.

fester Rahmen

Der Therapeut benötigt einen festen Rahmen, in dem sich die Individualität frei entfalten kann. Programme, spezielle Methoden und Standards sind hierbei hilfreich: Sie geben Orientierung, ermöglichen einen kommunikativen Austausch und erleichtern Routinen. Jedoch darf das jeweilige Kind und sein Umfeld nicht an ein therapeutisches Verfahren angepasst werden, sondern die Methode muss dem jeweiligen Nutzer und seinem Umfeld dienen.

Fallbeispiele

Im Folgenden werden einige Störungsbilder anhand von Fallbeispielen exemplarisch dargestellt, um die Methodenkombination konkret zu veranschaulichen. Ein selbstverständliches, sprachtherapeutisches Knowhow wird vorausgesetzt. *Die vorgestellten therapeutischen Sequenzen weisen dabei bestimmte Merkmale auf, die für jede kommunikative Begegnung mit Kindern mit Entwicklungsstörungen in Sprache und Kommunikation beachtet werden sollten:*

- Orientierung an den normalen Spracherwerbsmechanismen,
- klare Zielformulierung,
- eindeutige Vorgaben und Ausschalten jeglicher Ablenkung (verbaler und nonverbaler Art),
- Prinzip der Vereinfachung,
- individuelle Anpassung an den jeweiligen Entwicklungsstand des Kindes,
- soviel Hilfe wie nötig und so wenig wie möglich,
- Lernen am Modell,
- Methodenvielfalt und -kombination,
- Anbieten eines kommunikativen Anlasses, der in einer therapeutischen Einheit angebahnt wird und sofort im Alltag hochfrequent angeboten und übertragen werden kann,
- Abwarten und Ernstnehmen der kindlichen Reaktion,
- Initiierung der Handlung/Äußerung vom Kind selbst: Das Kind erlebt, dass seine Bedürfnisse nur durch sein aktives Mittun befriedigt werden.
- unerwartete Reaktionen des Kommunikationspartners, die das Kind in Staunen versetzen,
- Erleben eines eindeutigen Zusammenhangs zwischen dem eigenen Tun und dem Tun des anderen,
- aktive Einbeziehung und Anleitung der Bezugspersonen.

Die **Markierungshinweise** im Vorwort gelten für **alle** genannten Fallbeispiele.

9.1 Verspäteter Sprachlernbeginn

Viele Untersuchungen zeigen bereits, dass junge Kinder mit verspätetem Sprachlernbeginn vom Einsatz mit Handzeichen profitieren (Capone/McGregor 2004).

Der 2;8-jährige **Lucas** (L) spricht laut Angaben der Mutter noch keine Wörter. Die Auswertung des ELFRA 1 zeigt, dass L eindeutig als Late Talker eingeordnet werden kann. Außer /Mama/, /Papa/ und einigen Lautmalereien für Tiere und beliebte Objekte zeigt L noch keine produktive Sprache. Das Sprachverständnis ist jedoch weit besser ausgebildet. In der Erstuntersuchung fällt es ihm schwer, auf einer Stelle sitzen zu bleiben. Als Spiel- und Kommunikationsanlass wird ihm eine Kugelbahn angeboten. Die Kugeln sind in einer fest verschlossenen Dose versteckt.

übergeordnetes Ziel: L erkennt die Wirkung von Lautsprache.

sprachliches Ziel: L produziert „auf" mit entsprechender Geste und/oder Lautierung.

Inhalt: Schaffen eines bedeutungsvollen Kommunikationsanlasses: Kugeln für eine Kugelbahn sind in einer Dose versteckt.

Methoden:
- vereinfachtes Handzeichen für „auf" (Abb. 39),
- Anleitung der Mutter.

Material: Kugelbahn, Kugeln, schwer zu öffnende Dose

Wortmaterial: „auf"

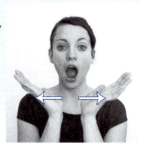

Abb. 39: Vereinfachtes Handzeichen für „auf"

Transkript einer Sprachtherapiesequenz:
Th öffnet die Dose: „Auf." Lukas (L) wird der Inhalt gezeigt. Th lautiert ein Staunen: „Aaah!" Bevor L zugreifen kann, schließt Th die Dose wieder. L nimmt die Dose und klappert damit. Er gibt sie der Mama (M).
M: „Soll ich aufmachen? Komm, ich helf dir! Schau mal her." M reagiert mit vermehrter Aktion, und die Dose wird geöffnet.
Th spricht situationsbegleitend: „Auf!"
L lässt die Kugel die Kugelbahn herunterrollen. Unten angekommen, nimmt Th die Kugel wieder und verschließt diese erneut in der Dose. Th versucht nun die Dose zu öffnen, es gelingt nicht.
Th gibt M die Dose und lautiert, bevor M fragen oder handeln kann: „Auf."
M öffnet die Dose.
Th wiederholt: „Auf." Th nimmt sich eine Kugel und lässt diese die Kugelbahn herunterrollen. Die Kugel wird erneut in die Dose gesteckt. Die Dose steht wieder verschlossen vor L. Th hält die Hand hin. L gibt die Dose Th.

Th wartet ab. L schaut gespannt, was jetzt passiert. Er hat noch keine Idee, wie er selbst reagieren kann.
Th wendet sich an M: „Auf." Th wartet ab.
M imitiert spontan: „Auf", jedoch noch ohne Gebärde. Die Dose wird von Th geöffnet. M bekommt eine Kugel.
Th: „Die Mama* darf die Kugel rollen lassen!" Anschließend verschließt Th die Kugel in der Dose.
Die Dose steht wieder verschlossen vor L. L gibt die Dose M.
M fordert L auf: „Sag mal auf." Diesmal verwendet M das Handzeichen für „auf". L schaut. Th reagiert: „Auf. Die Mama macht die Dose auf."
Die Dose wird von M geöffnet und Th nimmt die Kugel. Nach einigen Rollenwechseln wird L selbst aktiv, gebärdet ein /auf/ und lautiert spontan /a/. Die Belohnung erfolgt prompt. Th öffnet die Dose, wiederholt: „Auf" und L bekommt seine Kugel.
Das Spiel wird so lange wiederholt, wie das Kind Interesse an diesem Setting zeigt.

An diesem Beispiel wird das Prinzip des **Lernens am Modell**, der **Einsatz eines einzigen sehr bedeutsamen Handzeichens und eines kleinen Wortes** deutlich. Keine Erklärungen sind nötig, denn Th gibt das entsprechende Modell und wartet ab, bis die Mutter dies übernimmt. Der Rollenwechsel zwischen Th und M kann beliebig oft wiederholt werden, bis das Kind von sich aus das Handzeichen für „auf" übernimmt und somit einen Zusammenhang zwischen seinem Tun und dem Tun des anderen erkennt. Das Handzeichen hat den Wert einer präverbalen Handlung und kann stellvertretend für die Lautierung von „auf" stehen. Das Beispiel ist im Alltag zu Hause 1:1 anwendbar und lässt sich auf viele Situationen übertragen.

9.2 Expressive Sprachentwicklungsstörung mit Schwerpunkt Phonologie

Die Therapie von phonologischen Defiziten ist sprachtherapeutischer Alltag. Doch gibt es immer wieder Kinder, die trotz intensivster Therapie keinen langfristigen Erfolg zeigen. Am **Beispiel einer verbalen Entwicklungsdyspraxie** wird eine multimodale Behandlung mit der PROMPT-Behandlungstechnik und den PMS-Handzeichen vorgestellt.

Verbale Entwicklungsdyspraxie

Maxim (M), 6; 0 Jahre mit einer schweren verbalen Entwicklungsdyspraxie und extremer Hypotonie im orofacialen Bereich, verfügt bislang nur über einige Vokal-Konsonant- und Konsonant-Vokal-Verbindungen. Die Verbindungen zeigen im Auslaut immer ein reflexartiges interdentales /s/ (z. B. /aus/, /dus/, /eis/, /is/, /bus/). Das Sprachverständnis entspricht den kognitiven Fähigkeiten. Das periphere Hören ist immer wieder durch Mittelohrentzündungen eingeschränkt. Die vorhandenen Silbenstrukturen wendet der Junge konsequent im kommunikativen Austausch an. Missverständnisse und Fehlinterpretationen sind jedoch häufig die Folge, da die wenigen vorhandenen Wörter je nach Kontext verschiedene Bedeutungen haben können. M zeigt bereits ein ausgeprägtes Störungsbewusstsein. Zum Wiederholen seiner Äußerungen ist er selten bereit, ein Rückzug ist meist die Folge. In der Sprachtherapie ist es besonders wichtig, dass der Junge eine intrinsische Motivation entwickelt, um seine fehlerhaften Artikulationsmuster zu modifizieren und zu erweitern, um weiterhin an seinem sozialen Umfeld partizipieren zu können.

übergeordnetes Ziel: M entwickelt eine intrinsische Motivation zur Erweiterung seiner lautsprachlichen Fähigkeiten.

sprachliches Ziel: M entwickelt ein Bewusstsein für bedeutungstragende Einheiten.

Inhalt: Schaffen eines bedeutungsvollen Kommunikationsanlasses: Befreiung eines Hasen (Abb. 40)

Methoden:
- Minimalpaarmethode,
- Anbieten taktil-kinästhetischer Hinweisreize (PROMPT),
- Einsatz von PMS-Handzeichen.

Material: durchsichtiger Behälter und ferngesteuerter, batteriebetriebener Hase

Wortmaterial: Minimalpaar: „aus" – „auf"

Ein durchsichtiger geschlossener Behälter mit einem batteriebetriebenen Hasen steht im Raum. Der Hase wird durch Knopfdruck an einem externen Schalter angeschaltet und bewegt sich in „seinem Käfig". Der Junge ist sehr interessiert, freut sich sichtlich und möchte den Hasen aus seinem Käfig befreien, um ihn selbst zu bedienen. Dem Jungen wird eine verantwortungsvolle Rolle übergeben, indem klar betont wird, dass er derjenige ist, der bestimmt, was der Therapeut tun muss.

Abb. 40: Hase im Käfig

Transkript einer Sprachtherapiesequenz:
Th: „Du bist der Chef, du darfst bestimmen, was gemacht wird!"
Maxim (M): „/aus/" Th: „Gut, ich mach den Hasen […] au**s**."
M schaut und beobachtet, was passiert. Th wartet ab. M will den Schalter drücken.
Th: „Gut, wir machen noch mal <u>an</u>!" Der Hase bewegt sich erneut im Käfig.
M: „/aus/" Th: „Jetzt ist wieder […] au**s**." M: „/aus/"
Th: „Ja, genau. Jetzt ist […] au**s**." M führt mit der Hand eine Auf-Gebärde aus.
Th: „Ach so, du willst au**f** […] machen!" M: „/aus/"
Th: „Ja – der Hase ist au**s**. Aber du willst was anderes!"   ▼

M schaut erwartungsvoll.
Th: „Dein Mund kann es mir sagen. Meine Hände können dir helfen."
M schaut neugierig.
Th: „Dürfen meine Hände deinem Mund helfen?"
M schaut und wendet seinen Kopf zum Th. Th formt durch taktil-kinästhetische Hinweisreize (PROMPT) am Mund von M die Lautverbindung /au – f/ und spricht dabei: „Auf". Th: „Ich hab das Wort schon in deinem Mund gespürt! Toll! Jetzt mach ich den Käfig au**f**."

Weiterführung / Transfer: Der Behälter wird geöffnet, und M darf mit dem Hasen spielen. Th sitzt dabei, beobachtet und gibt M die Zeit, die er jetzt zum Spielen braucht. Erst nach einer längeren Spielphase versteckt Th den Hasen erneut (z. B. in dem Behälter, hinter einer Tür oder im Abfalleimer mit Deckel), der Hase bleibt durch einen Schalter mit langem Kabel zum An- und Ausschalten von außen bedienbar. So wird die Sequenz beliebig oft wiederholt. M bleibt immer der aktive Partner, indem er bestimmen darf, was gemacht wird, nämlich „aus" oder „auf".

Auf diese Weise können das reflexartige interdentale /s/ im Auslaut eliminiert und weitere Phoneme und Phonemverbindungen aufgebaut werden. In der multidimensionalen Therapie wird hier nach dem systemischen Therapiekonzept immer wieder um Erlaubnis gefragt, ob dem Jungen geholfen werden darf. Außerdem ist es wichtig, die Hilfestellung durch PROMPT nur so lange zu geben, wie sie durch die motorische Leistung angezeigt ist. Die zusätzliche Verwendung des PMS bietet den großen Vorteil, dass M die Laut-Handzeichen am Kommunikationspartner sieht und mit seinen Fingern seine Artikulation selbst erspüren und beeinflussen kann.

Sobald der Junge im Ansatz eine Unterscheidung zwischen „aus" und „auf" expressiv mit Hilfe der PMS-Handzeichen vornimmt, wird das Minimalpaar hochfrequent im Alltag übernommen. Viele Dinge müssen geöffnet werden: eine Brotzeitdose, eine Schatzkiste, der Kühlschrank, die Autotür. M ist immer der „Chef", der sagen darf, was vom anderen ausgeführt werden muss. Der Transfer in die Alltagskommunikation wird durch die Eltern, pädagogischen Fachkräfte und auch durch andere Kinder übernommen, da alle Beteiligten viel Freude an diesem Setting haben.

Weitere Vorschläge für die Arbeit mit Minimalpaaren:

- „Ei" – „Eis": Schokoladeneier und Eiswürfel,
- „Bus" – „buf": Spielzeugbus und Rakete, die durch Druck eine Kugel abschießt („buf").

Trisomie 21

phonologische Defizite bei Trisomie 21

Im folgenden Beispiel wird die Methodenkombination von DGS- und PMS-Handzeichen im Kontext einer Trisomie 21 beschrieben.

Paula (P), 3;3 Jahre mit dem Erscheinungsbild einer Trisomie 21, zeigt zudem eine Höreinschränkung und eine leichte Sehschwäche. Sie ist mit Paukenröhrchen und Brille versorgt.

Die Sprachanbahnung (rezeptiv und expressiv) erfolgt zunächst über das Prinzip der Gebärden-unterstützten Kommunikation (GuK) nach Wilken (→Kap. 3.1). Das Mädchen übernimmt von Anfang an eifrig die ihm angebotenen Handzeichen und kann somit ihr Sprachverständnis und ihre kommunikativen Kompetenzen gewinnbringend erweitern. Mit der Zeit setzt auch die aktive Sprache ein, welche jedoch von zahlreichen phonologischen Vereinfachungsstrategien gekennzeichnet ist. Die Auslassung der Initialkonsonanten erscheint als dominanter Prozess. Nur sehr vertraute Personen, die auch über ihren Gebärdenwortschatz verfügen, können das Mädchen verstehen.

übergeordnetes Ziel: P spricht verständlich.

sprachliches Ziel: Es gelingt eine Bewusstmachung der Anfangslaute mit dem Fernziel der Eliminierung der Auslassung der Anfangslaute.

Methoden:
- DGS-Handzeichen für „Affe" und „Maus" zur Verständnissicherung,
- PMS-Handzeichen für /a/ und /m/ zur Bewusstmachung der Anfangslaute,

Material: Grabbelsack mit kleinen Tieren (abgestimmt auf das Wortmaterial) und mehrere Becher

Wortmaterial: Wörter mit eindeutig unterschiedlichen Anfangslauten, z. B. „Affe", „Maus"

Transkript einer Sprachtherapiesequenz:
Paula (P) darf sich ein Tier aus dem Grabbelsack holen. Sie erhält einen Affen und zeigt ihn stolz. Th benennt und gebärdet: „Affe."
P imitiert sofort das Handzeichen, artikuliert jedoch nicht.
Th nimmt den Affen und schaut ihn an: „Oh! Ein [...] **A**ffe."
P imitiert sofort das /a/ mit dem PMS-Handzeichen ▼

Th: „Ja – ein **A**ffe." P führt erneut das DGS-Handzeichen für Affe aus.
Th: „Genau der **A**ffe, der macht so (+ DGS-Handzeichen für Affe), der […] **A**ffe."
Der Affe wird unter einem Becher versteckt. Die Becher werden vertauscht.
Th: „Wo ist der **A**ffe, […] der **A**ffe." P sucht den Affen.
Th: „Ohoo, kein […]" – Th führt zunächst das DGS-Handzeichen für Affe ohne verbalen Input aus. Nach einer kurzen Pause […] wiederholt Th: „**A**ffe, wo bist du, **A**ffe?"
P sucht weiter und findet den Affen unter einem Becher.
Th: „Juhuu, da ist der **A**ffe."
Ein Rollenwechsel folgt. Th holt eine Maus aus dem Sack, benennt diese zunächst zusätzlich mit dem DGS-Handzeichen, um das Verständnis zu sichern. Dann wird auch die Maus versteckt.
Th: „Was soll ich suchen? Affe oder Maus?" P wiederholt das DGS-Handzeichen für Maus. Th: „Aha, die Maus, […] **M**aus. Wo bist du, **M**aus?"
Th sucht die Maus und findet nur einen leeren Becher.
Th: „Ohoo, keine […]." Th wartet die Reaktion des Kindes ab und gibt als Anlauthilfe das PMS-Handzeichen: „/m/". P imitiert: „/m/".
Th: „Keine […] – Th führt zunächst die DGS-Gebärde ohne verbalen Input aus – […]. **M**aus, wo bist du, **M**aus?" Th findet die Maus.
Th: „Da ist ja die […]." Th gibt als Anlauthilfe das PMS-Handzeichen: „/m/".
P lautiert selbstständig: „/m/". Th freut sich: „Juhuu, eine **M**aus, eine […]."
P wiederholt: „/**M**au/".

Weiterführung/Transfer: Ein erneuter Rollenwechsel findet statt, und die Mutter darf suchen. Sie übernimmt aktiv im Wechsel DGS- und PMS-Handzeichen. Die große Freude im gemeinsamen Tun lässt die Mutter selbst auf Ideen kommen, wie sie dieses Versteckspiel auch zu Hause anwenden kann. Der Transfer in den Alltag ist sehr wahrscheinlich.

9.3 Expressive Sprachentwicklungsstörung mit Schwerpunkt Syntax-Morphologie

Expressive Sprachentwicklungsauffälligkeiten zeichnen sich weiterhin durch morpho-syntaktische Defizite aus. Am Beispiel einer schweren spezifischen Sprachentwicklungsstörung (sSES) werden Möglichkeiten aufgezeigt, wie Methoden der Unterstützten Kommunikation die entsprechende sprachliche Zielstruktur verdeutlichen können.

morpho-syntaktische Defizite bei sSES

Spezifische Sprachentwicklungsstörung (SSES)

Bei **Sofie** (S), 4;6 Jahre mit schwerer spezifischer Sprachentwicklungsstörung, dominiert die Verbfinalstellung das sprachliche Profil. Die auditive Merkspanne und Aufmerksamkeitsspanne sind extrem eingeschränkt. Das Sprachverständnis entspricht den kognitiven Fähigkeiten. S sucht trotz beeinträchtigter Sprache die Kommunikation und bemüht sich, durch den Einsatz von Zeichen, Mimik, Gestik die mangelnde Lautsprachfähigkeit zu kompensieren.

übergeordnetes Ziel: S erkennt den Aufbau einer SPO-Struktur.

sprachliches Ziel: S eliminiert die Verbfinalstellung.

Inhalt: beliebtes Kaufmannsladenspiel als bedeutungsvoller Kommunikationsanlass

Methoden:
- Bilder und Symbole zur Visualisierung von Satzgliedern (Abb. 41),
- DGS-Handzeichen zur Visualisierung der einzelnen Wörter,
- auditive Markierung (Betonung, Pausen).

Material: Kaufmannsladen mit Symbolen (Abb. 42)

Wortmaterial: Modalverben, wie „brauchen", „mögen", „wollen", „müssen". Die endungslose Bildung der 1. Pers. Sing. („ich brauch", „ich mag", „ich will") erfordert weniger Anstrengung, da das Verb als einsilbige Einheit abgespeichert werden kann. Bei der Erarbeitung der Verbzweitstellung kann somit die ganze Aufmerksamkeit auf die Position des Verbs gerichtet werden.

Abb. 41 li.: Große Symbole zur Visualisierung von Satzbausteinen

Abb. 42 re.: Kaufmannsladen mit Symbolen

(Abb. 41 + 42: © Mayer-Johnson; Gutmair)

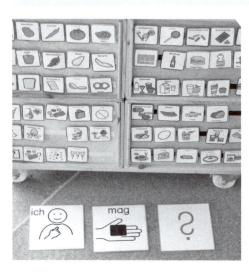

Transkript einer Sprachtherapiesequenz:
Sofie (S) geht zum Kaufladen. Vor dem Tresen liegen die Satzbausteine als große Symbole am Boden. Die Mutter (M) ist im Einkaufsladen und wartet die Bestellung von S ab. Th steht hinter S, führt sie von Satzbaustein zu Satzbaustein und spricht mit ihr zusammen die Zielstruktur:
Th und S betreten nacheinander die Symbole für /ich/ und /mag/: „Ich [...] *mag*"
S sucht sich das „Waren"-Symbol *Wurst* aus und gibt dies M. M sucht die Wurst heraus.
Th gibt ein verbales Feedback: „Ah, Wurst magst* du!" M findet keine Wurst.
M: „Da gibt es keine Wurst." Th: „Oooooh, Wurst gibt* es nicht!"
Th: „Was magst* du?"
S begeht erneut die Satzbaustein-Symbole am Boden. Th steht neben ihr und spiegelt nonverbal die DGS-Gebärden für die SPO-Struktur „ich mag".

S: „*Ich mag* [...]."
S wählt das Symbol für *Joghurt* aus und überreicht dies M.
M: „Ok. Du willst Joghurt!" Th sagt zu M: „Joghurt ist* da!"
M gibt S einen Joghurt und fragt: „Noch was?"
S begeht die Satzbaustein-Symbole und spricht selbstständig: „*Ich mag* [...] *Lolli*!" Th: „Mmh [...] Ich mag* Lollis!"
Th zu M: „Sofie mag* Lollis!" M gibt S einen Lolli: „Da ist dein Lolli!"
Th zu M: „Sofie muss* zahlen!"
M: „Du musst zahlen!" S bezahlt. Ein Rollenwechsel findet daraufhin statt.
M begeht die Satzbaustein-Symbole und fordert ihre Ware: „*Ich mag* [...] *Bananen*!" Das Spiel geht solange weiter, wie die Beteiligten Spaß daran haben.

Die Zielstruktur Verbzweitstellung wird dem Kind durch das hochfrequente Modell des Therapeuten deutlich präsentiert. Die Visualisierung der einzelnen Satzteile, das langsame Sprechen, die Pausensetzung und Betonung des Verbs an zweiter Stelle zeigen dem Kind immer wieder die korrekte Struktur. Ausrufe, wie „Oooooh", „Aaaaah" oder „mmh", schaffen Pausen und holen erneut die Aufmerksamkeit des Kindes ein. Durch das aktive Begehen der Satzbausteine sind Fehler in der Anordnung selten zu beobachten.

Transfer: „Ich brauch'"- bzw. „Ich mag"-Strukturen werden auch im Alltag oft benötigt. So finden viele Aussagen, wie „Ich brauch' Teller" beim gemeinsamen Decken des Tisches, „Ich mag Käse!" beim Essen oder „Ich will Eis!" beim Einkaufen, handlungsbegleitend statt.

Autismus-Spektrum-Störung (ASS) und Mehrsprachigkeit

Das Beispiel eines Jungen mit Autismus-Spektrum-Störung (ASS) und bilingualem Hintergrund beschreibt, wie die Genusmarkierung über Symbole und Handzeichen verdeutlicht werden kann.

morpho-syntaktische Defizite bei ASS

Bei **Kamil** (K), 6;6 Jahre, liegt eine atypische Autismus-Spektrum-Störung vor. Eine zweisprachige Erziehung findet inkonsequent statt. Die polnischen Eltern sprechen oft Deutsch mit dem Jungen, wobei sie Unsicherheiten in der Genus- und Kasusmarkierung zeigen. K verfügt über einen differenzierten Wortschatz und spricht bereits in komplexen Mehrwortäußerungen. Große Schwierigkeiten im Gebrauch der Genus- und darauf aufbauend der Kasusmarkierung sind zu beobachten. Eine Einschulung in eine Regelschule ist geplant.

übergeordnetes Ziel: K erweitert sein morpho-syntaktisches Regelsystem.

sprachliches Ziel: K vollzieht eine korrekte Genusmarkierung „der", „die", „das".

Inhalt: Zuordnung von Bildkarten mit Subjekten zu „der", „die", „das"

Methoden:
- lautsprachbegleitende Gebärden (LBG) für „der", „die", „das",
- verschiedene farbige Formen zur Visualisierung von „der", „die", „das" nach dem Prinzip von Montessori,
- direktes Auswählen aus zwei Möglichkeiten,
- Fehlerkontrolle,
- Anbieten eines Belohnungssystems zum Aufbau einer Arbeitshaltung (→Abb. 28)

Material:
- Grabbelsack und verschiedene Bildkarten,
- drei Dosen mit entsprechenden Symbolen für die Zuordnung der Artikel (Abb. 43),
- batteriebetriebene Polizeikelle mit leuchtendem Rot und Grün.

Wortmaterial:
- „der", „die", „das",
- verschiedene, dem Kind bekannte Subjekte, um die Aufmerksamkeit auf die Artikel zu lenken.

Abb. 43: Drei Dosen mit Symbolen für „der", „die", „das" (Gebärden n. Fürsich-Eschmann 1989)

Eine Abbildung der Artikel „der", „die" und „das" mit den entsprechenden farbigen Markierungen und Handzeichen (Zusatz 7) steht auf der Verlagshomepage zum Download bereit.

Bildkarten zur Gestaltung von Spielen mit dem Schwerpunkt der Genus-Förderung sind unter *www.hueber.de/kikus/* zu beziehen.

Transkript einer Sprachtherapiesequenz:
Th: „Ich habe heute einen Sack mitgebracht. Was da wohl drinnen ist? Ich hab auch eine Polizeikelle mitgebracht. Die zeigt uns, ob wir alles richtig machen. Die Mama (M) darf zuerst die Polizeikelle bedienen. Grün sagt: ‚Das ist richtig'. Rot sagt: ‚Das ist falsch'. Ich hol die erste Karte."
Th zieht eine Karte: „Bär! Da fehlt noch ein kleines Wort: Der* Bär. Die Karte kommt in diese Dose. Schau mal. Da siehst du, wie /der/ aussieht." Th steckt die Bildkarte „der Bär" in die „der"-Dose.
M leuchtet mit der Polizeikelle grün: „Richtig!"
Th: „Kamil, du bist dran!" K zieht eine Bildkarte und benennt sie: „Katze."
Th: „Ja genau, Katze. Jetzt brauchen wir noch das kleine Wort, das zur Katze passt. Schau mal." Th hebt die rechte Hand und formt das Handzeichen für „die". Dann hebt Th die linke Hand und formt das „der"-Handzeichen: „/die/ oder /der/?" K hat nun Zeit zum Auswählen. Th zeigt weiterhin die Handzeichen und wiederholt die Aussage: „/die/ Katze oder /der/ Katze?"
K zeigt auf die Hand mit dem „die"-Handzeichen.
Th bestätigt die Antwort: „Die* Katze. Leg sie in die richtige Dose."
K sucht nun die passende „die"-Dose und steckt „die Katze" hinein. M winkt mit dem grünen Licht der Polizeikelle: „Richtig!"
Th ist erneut an der Reihe und führt die Zuordnung von Bildkarte und Genus korrekt aus. K holt eine Bildkarte aus dem Sack: „A' Schwein."
Th: „Genau, Schwein. Wir brauchen noch das passende kleine Wort. Es gibt zwei Möglichkeiten! Schau!" Th gibt diese zwei Möglichkeiten mit den Handzeichen in der rechten bzw. linken Hand nacheinander vor: „/das/ oder /die/?"
K: „Die Schwein." K nimmt die Bildkarte und steckt sie in die „die"- Dose.
M überlegt kurz. Dann leuchtet sie mit dem roten Licht der Polizeikelle: „Das stimmt, glaub ich, nicht!"
Th bewegt die linke Hand mit dem „das"-Handzeichen: „Das* Schwein will woanders hin." K zögert noch.
Th wiederholt: „Das* Schwein will woanders hin."
K öffnet die „die"-Dose und holt die Bildkarte mit „Schwein" heraus.
Th: „Das* Schwein will in [...]". Th zeigt erneut das Handzeichen für „das" ohne verbalen Input. K: „das" und legt das Schwein in die „das"-Dose.
M leuchtet mit dem grünen Licht: „Richtig!"
K greift nach der Kelle: „Ich jetzt!"
Th: „Ja klar, darfst du auch! Schau, wir holen noch fünf Karten." Th malt fünf Kreise auf ein Papier und eine Kelle. „Wenn die Karte in der richtigen* Dose ist, streiche ich einen Kreis durch. Zuerst sind alle Kreise durchgestrichen und dann darfst du die Kelle haben." K lässt sich auf diesen Handel ein, spielt anschließend den Polizisten und kontrolliert, ob M alles richtig macht.

K: „Der Auto."
Kommunikationspartner (KP) formt das Handzeichen für „das".
K: „Das Auto."
KP: „Super! [...] Das* Auto!"

Weiterführung/Transfer: Mit Bildkarten können einfache Spiele (Memory, Lottino, Domino) durchgeführt oder Arbeitsblätter gestaltet werden. Beim Erlernen der Artikel ist die hochfrequente Wiederholung mit intensivem Üben sehr wichtig, weshalb sich die Anleitung der Eltern und pädagogischen Fachkräfte besonders lohnt. Diese können die Handzeichen spontan übernehmen und im Alltag sofort einsetzen. Mit der Zeit braucht das Kind keinen verbalen Input mehr, da bereits das Handzeichen alleine als Abrufhilfe dient. Ob das Kind selbst die Handzeichen übernimmt, ist zweitrangig.

Aufbau von Präpositionen

Auf die gleiche Weise können Präpositionen eingeführt werden. Die Handzeichen dienen als Abruf- und Erinnerungshilfe.

Trisomie 21

morpho-syntaktische Defizite bei Trisomie 21

Eine Kombination von DGS- und PMS-Handzeichen kann sowohl den semantischen Gehalt einer Aussage als auch morphologische Markierungen verdeutlichen.

Die 10;5-jährige **Eva** (E) mit dem Erscheinungsbild der Trisomie 21 hat lange Zeit über DGS-Gebärden mit wenig Lautsprache kommuniziert. Auf diese Weise hat sie viel Wortschatz und einfache SPO-Strukturen aufgebaut. Die Artikulation wird durch intensives Üben mit der McGinnis-Methode, VEDiT und PMS-Handzeichen immer verständlicher. Für die morphologische Markierung der Subjekt-Verb-Kongruenz entwickelt sie allmählich mit Hilfe von zusätzlichen PMS-Handzeichen ein Bewusstsein.

übergeordnetes Ziel: E erweitert ihr morpho-syntaktisches Regelsystem.

sprachliches Ziel: E erlernt die Subjekt-Verb-Kongruenz in der 1. und 2. Pers. Sing.

Inhalt: Kaufmannsladenspiel mit Rollenwechsel

Methode: Kombination von DGS- und PMS-Handzeichen

Material: Kaufmannsladen mit Zubehör

Wortmaterial: Verbformen mit entsprechender Flexion (1. und 2. Pers. Sing.) aus dem Wortfeld „einkaufen": „brauchen", „möchten", „zahlen" ...

Transkript einer Sprachtherapiesequenz:
Th: „Heute spielen wir Kaufladen. Du darfst verkaufen. Ich möchte* Kuchen." E legt Kuchen in den Korb.
Th: „Eva, du musst mich fragen. Mir fällt nichts ein. Frag: ‚Was brauchst* du?'"
E: „/Wa/ /bau/ du?"
Th: „Hmmm [...] Was brauche ich? Ich denke* nach. Ich brauche* Brot." E legt Brot in den Korb. Th: „Ich bezahle*."
Rollenwechsel: E darf einkaufen.
E: „/l/ /bau/ /nane/." Th: „Du brauchst* Banane." Th legt die Banane in den Korb.
Th: „Was brauchst* du?" E: „/l/ /bau/ [...]?" E schaut zur Th. Th ergänzt die fehlende Endung: „/e/ [...] brauche*." E imitiert: „/bauel/ [...] /ladel/."

Weiterführung / Transfer: Nach diesem Schema wird das Kaufmannsladenspiel beliebig lang fortgeführt. Mutter und pädagogische Fachkräfte werden angeleitet, die Markierung der ersten und zweiten Person Singular mit PMS-Handzeichen auch im Alltag zu übernehmen. Gerade im spontanen Gespräch ist es wichtig, zum Verständnis auch die DGS-Handzeichen nicht zu vernachlässigen: „Ich koche Nudeln.", „Du malst Blumen."

Die Kombination von DGS- und PMS-Handzeichen erweist sich auch sehr hilfreich bei der

- Kasusmarkierung: „Der Hund frisst de**n*** Knochen.",
- Markierung der Vorsilbe /ge-/ bei Perfektformen: „Ich habe **g**emalt.", „Du hast **g**ekocht." In diesem Fall wird nur das /g/ mit dem PMS-Handzeichen visualisiert.

Viele sprachtherapeutische Regelspiele arbeiten bereits mit Bildmaterial. Die Anordnung bestimmter Satzteile nach vorgegebenen Mustern (z. B. Verbzweitstellung bei Hauptsätzen, Verberststellung bei Fragesätzen und Verbfinalstellung bei Nebensätzen) werden präsentiert. Eine zusätzliche Visualisierung der Zielstrukturen durch den Einsatz von entsprechenden Handzeichen gibt dem Kind die Informationen, die es braucht, um neue Muster zu integrieren. Handzeichen verweilen länger als das gesprochene Wort.

Einsatz von Bildmaterial

Beispiele für Spiele zur Förderung grammatikalischer Kompetenzen sind:
- HoppHopp-Satzbauspiel, Klappi-Satzbauspiele, „Wer-Wie-Was": *www.trialogo.de*
- Duogramm & Co von Schlag: *www.edithschlag.de*
- „Das perfekte Spiel" von Schelten-Cornish: *www.prolog-shop.de*

9.4 Rezeptive Sprachentwicklungsstörung

Wie bereits mehrfach erwähnt, fördert der Einsatz von Handzeichen und Symbolen auch die kindlichen Verstehensleistungen. Je ausgeprägter die Behinderung, desto größer ist die Notwendigkeit, Handzeichen zur Verständnissicherung einzusetzen.

Fragiles X-Syndrom

Das Beispiel eines Jungen mit Fragilem-X-Syndrom veranschaulicht diese Vorgehensweise.

Benji (B), 5;2 Jahre im Kontext eines Fragilen X-Syndroms, zeigt einen verspäteten Sprechbeginn mit ca. 4;2 Jahren. Mit Hilfe der McGinnis Mod.-Methode (→Kap. 6.1) wurde ein umfangreiches Zielvokabular aufgebaut, so dass der Junge Sprache als Kommunikationsmittel schnell entdeckt hat. Das Sprachverständnis ist stark beeinträchtigt. Er verarbeitet anhand der dominanten Schlüsselwortstrategie jeweils nur eine Information einer Aussage. Aus diesem Grund hat B große Schwierigkeiten, einfache SP-Strukturen zu produzieren, obwohl er über einen ausreichenden Wortschatz mit unterschiedlichen Wortkategorien verfügt.

übergeordnetes Ziel: B versteht zwei Informationen.

sprachliches Ziel:
- Verstehen von W-Fragewörtern: „wer?" und „was?",
- Unterscheidung zwischen Subjekt (Handelnder) und Prädikat (Handlung).

Methode:
- DGS-Handzeichen zur Visualisierung der Tätigkeiten,
- DGS-Handzeichen für „wer?" und „was?".

Material: Digitalkamera, laminierte Fotokarten

Wortmaterial: „wer?", „was?", einfache Verben

Vorbereitung: Zusammen mit B werden Personen fotografiert, die bestimmte Tätigkeiten ausführen.

Transkript einer Sprachtherapiesequenz:
Th: „Ich hab viele Bilder mitgebracht!" Th legt die Fotos verdeckt auf einen Stapel. Th deckt ein Foto auf und betrachtet es: „Benji sitzt!"
Th: „Wer sitzt!" B imitiert: „sitze"
Th: „Genau, Benji sitzt. Wer? *Benji.*" Th zeigt auf B. B imitiert: „Benji"
Th: „Wer?" Th zeigt auf die Person auf dem Foto. B: „Benji"
Th: „*Benji** sitzt."
Th deckt eine neue Karte auf: „*Mama** sitzt. Wer* sitzt? *Mama.*" B: „Mama"
Th: „Super. Mama. […] Was macht *Mama*?" B: „Mama"
Th: „Was macht Mama? Sitzen."
Th holt erneut das Foto „Benji sitzt": „Was macht Benji? Sitzen."
B: „/sitze/. Benji /sitze/."
Th: „Was […] sitzen." B: „/sitze/"
Th. „Wer?" Th zeigt auf B. B: „Benji"

Weiterführung: Dieses Setting braucht viele Wiederholungen, um Schritt für Schritt ein Verständnis für die Fragewörter „wer?" und „was?" anzubahnen und Voraussetzungen zu schaffen für das Verstehen und die Produktion sinnvoller SP- und SPO-Strukturen.

Mit der Zeit können weitere Fragewörter eingeführt werden, wie z. B. „wo?", um Objekte zu benennen (Abb. 44).

Die ursprüngliche DGS-Gebärde für „wo?" wird abgeändert, da der Unterschied zur „was?"-Gebärde sehr minimal ausfällt. Die Erfahrung zeigt, dass gerade Kinder mit schweren Sprachverständnisdefiziten kombiniert mit einer Intelligenzminderung eindeutig zu unterscheidende Vorgaben brauchen.

Abb. 44: Modifizierte Gebärde für „wo?"

9.5 Kommunikationsstörung bei Autismus-Spektrum-Störung und Mutismus

Autismus-Spektrum-Störungen und **Mutismus** zählen zu den sog. Kommunikationsstörungen. Schwerpunkt der sprachtherapeutischen Arbeit ist weniger die Förderung formaler Aspekte der Sprache, sondern vielmehr die Erweiterung der sozial-kommunikativen und pragmatischen Fähigkeiten.

Autismus-Spektrum-Störung

Zunächst wird der Einsatz Unterstützter Kommunikation am Beispiel einer Autismus-Spektrum-Störung beschrieben.

Bei **Diana** (D), 5;4 Jahre, liegt eine Autismus-Spektrum-Störung (ASS) bei leichter Intelligenzminderung und kryptogenem Westsyndrom vor. Dabei handelt es sich um eine schwer behandelbare Form von Epilepsie im Säuglingsalter, welche dazu geführt hat, dass D alle bereits erworbenen motorischen, sozialen und kommunikativen Fähigkeiten im Alter von fünf Monaten verliert. Durch intensive Therapieangebote kann D besonders im motorischen Bereich große Entwicklungsfortschritte erreichen. Die sozial-kommunikative und sprachliche Entwicklung verläuft sehr auffällig. Im Alter von vier Jahren wird ein frühkindlicher Autismus diagnostiziert. Der Schwerpunkt der Sprachtherapie liegt auf der Erweiterung kommunikativ-pragmatischer Fähigkeiten, da die lautsprachlichen Fertigkeiten mit Hilfe intensivster Therapieprogramme (neurofunktionelle Reorganisation nach Padovan, TAKTKIN, Sprachförderprogramm Kon-lab nach Zvi Penner ...) zu einem früheren Zeitpunkt auf den Ebenen der Phonetik, Semantik und Grammatik vergleichsweise gute Entwicklungen zeigen. In der spontanen Kommunikation fällt eine dominante Echolalie auf.

übergeordnetes Ziel: D erweitert ihre kommunikativ-pragmatischen Fähigkeiten.

sprachliches Ziel: D gelingt eine selbstinitiierte Begrüßung.

Inhalt: Jeder begrüßt jeden und nennt diesen beim Namen.

Methoden:
- Einsatz einer Symbolkarte zur Verdeutlichung der geforderten Aufgabe (Begrüßung) und Fotokarten der Personen im Raum (Mutter, Therapeutin, Diana),
- kleinschrittige Handlungsplanung durch verbale und nonverbale Hinweise.

Material: Teddybär als intermediäres Objekt

Wortmaterial: „Hallo" und Namen der Personen im Raum

Transkript einer Sprachtherapiesequenz:

Th zeigt **Diana** (D) eine Symbolkarte „Begrüßung": „Zuerst sagen wir ‚Hallo'!" Die Fotokarten werden vor die entsprechenden Personen gelegt. Ein Teddy begrüßt zunächst die Mutter (M) und gibt die Hand: „Hallo, *Mama*!"
M reagiert mit einem Gegengruß: „Hallo, Teddy! Hallo Frau Kaiser-Mantel (K-M)."
Th begrüßt M: „Hallo, *Frau XX*."
Der Teddy begrüßt nun Diana (D): „Hallo, *Diana*!"
Der Teddy drückt erneut die Hand von D, schaut D an und wartet ab.
D reagiert nicht. Der Teddy wiederholt seine Begrüßung: „Hallo, *Diana*!"
D echolaliert: „Hallo, Diana!" Th zeigt auf das Teddy-Foto.
D: „Das ist ein Teddybär. Das ist ein Teddybär …"
Th gibt M den Teddy und setzt sich hinter D. Th: „Der Teddy sagt noch mal ‚Hallo'!" M spricht für den Teddy: „Hallo, *Diana*!"
Bevor D die Aussage erneut echolaliert, gibt Th D die nötige Hilfestellung, die sie braucht: Th führt zunächst die Hand von D, greift mit ihr die Pfote des Teddys und zeigt mit der anderen Hand auf das Teddy-Foto. Th spricht stellvertretend für D: „Hallo, *Teddy*!"
D echolaliert: „Hallo Teddy!" Th gibt D die Hand: „Hallo *Diana*."
D echolaliert: „Hallo Diana."
Th gibt D einen Impuls, nun die Hand von M zu ergreifen: „Hallo […]." Th zeigt auf das Foto von Mama.
D: „Mama." M schüttelt erneut die Hand von D durch einen nonverbalen Hinweis der Th. D: „Hallo, Mama!"
Th: "Super! […]. Diana, du darfst mir ‚Hallo' sagen! Die Mama hilft." M führt D genauso, wie sie es am vorherigen Modell der Th gesehen hat: „Hallo […]." M zeigt auf das entsprechende Foto vor Th: „Frau K-M"
Th: „Super, du hast mir ‚Hallo' gesagt! Der *Frau K-M*. Super! […] Der Teddy soll mir auch ‚Hallo' sagen. Diana, nimm den Teddy!" Th zeigt auf den Teddy: „*Teddy,* sag mir ‚Hallo'".
D nimmt den Teddy. Sie dreht ihn zu sich und bewegt ihn hin und her.
Th: „Teddy sag ‚Hallo' […] *Frau K-M*. Der Teddy gibt mir die Hand." Th hält die leicht geöffnete Hand dem Teddy hin. D nimmt mit dem Teddy die Hand der Th und schaut Th an.
Th: „Der Teddy sagt mir ‚Hallo'." Th zeigt erneut auf das Personenfoto ohne verbalen Input.
D: „Das ist Frau K-M."
Th: „Genau, das bin ich […]. *Frau K-M*. Der Teddy sagt mir ‚Hallo'." Th schüttelt die Hand und zeigt auf ihr Foto.
D: „Hallo, *Frau K-M*."
Th: „Hallo *Teddy*!"

Weiterführung: Das Begrüßungsritual wird hochfrequent über mehrere Wochen angeboten. Durch die kindgerechte Gestaltung mit dem Teddy ist die Situation motivierend und interessant. Mit der Zeit kann die Hilfestellung nach und nach zurückgenommen werden. Die Echolalie tritt in den Hintergrund, und D kann zunehmend sicherer das Modell übernehmen.

Weitere Informationen zur kommunikationszentrierten Behandlung von Kindern mit Autismus-Spektrum-Störung finden sich in: Kaiser-Mantel, H. (2012): Sprachtherapeutische Handlungsmöglichkeiten für Kinder mit Autismus-Spektrum-Störung. Praxis Sprache 1, 28–36

Selektiver Mutismus

Der Einsatz Unterstützter Kommunikation bei dem Erscheinungsbild des Mutismus wird in Fachkreisen sehr kontrovers diskutiert. Das Ziel, die Fähigkeit expressive Lautsprache (wieder) uneingeschränkt zu benutzen, sollte immer im Vordergrund stehen.

In Einzelfällen ist eine Intervention mit Hilfsmitteln aus der Unterstützten Kommunikation im Themenkomplex Mutismus durchaus sinnvoll. Durch die Bereitstellung unterstützender Kommunikationshilfen kann das Kind wieder Freude daran entwickeln, sich selbst verbal auszudrücken. Ein großer Vorteil von Geräten mit einer Sprachausgabe ist, dass das betroffene Kind Möglichkeiten erfährt, seine eigene Stimme in fremden Situationen zu hören, ohne es dabei in der Situation direkt zum eigenen Sprachgebrauch zu „zwingen". Das Kind gewöhnt sich (wieder) daran, Äußerungen eine Stimme zu geben.

Verena (V), 4;2 Jahre, besucht seit ca. 6 Monaten eine heilpädagogische Vorschuleinrichtung. Sie zeigt von Beginn an einen ausgeprägten selektiven Mutismus. Mit Lautsprache kommuniziert sie nur innerhalb ihrer Familie. Auch spricht V in der Einrichtung mit ihren Geschwistern (Zwillinge 5;6 Jahre). Die Lautsprache ist nicht altersentsprechend entwickelt. Eine familiäre Sprachschwäche liegt vor. Sobald kein Familienangehöriger anwesend ist, verstummt das Mädchen. Mimik und Gestik werden reduziert eingesetzt. V verfolgt jedoch das Geschehen mit wachen Augen.

übergeordnetes Ziel: V erfährt Freude an der Erweiterung ihres Interaktionsradius.

sprachliches Ziel: V initiiert eine sprachliche Aussage mit Hilfe eines elektronischen Sprachausgabegerätes.

Inhalt: interaktive Gestaltung einer Geschichte: „Kleiner weißer Fisch"

Methoden:
- Einführung der therapeutischen Einheit mit der Schwester, um Kommunikationsblockaden auszuschalten,

- Einsatz eines elektronischen Hilfsmittels,
- Einsatz von DGS-Handzeichen zur Aufmerksamkeitslenkung.

Material:
- Bilderbuch mit immer wiederkehrenden Aussagen, z.B. „Kleiner weißer Fisch" von Guido van Genechten (2011), 9. A. Bloomsbury, Berlin,
- einfaches Sprachausgabegerät (z.B. BigMac, BigPoint),

Wortmaterial: immer wiederkehrende Aussage: „Nein, ich bin nicht deine Mama." und „Ja, ich bin deine Mama!"

Transkript einer Sprachtherapiesequenz:
Th, **Verena** (V) und ihre Schwester Manuela (M) betrachten gemeinsam das Bilderbuch „Kleiner weißer Fisch".
Th erzählt zunächst die Geschichte und betont die immer wiederkehrende Aussage:
Th: „Der kleine Fisch ist traurig. Die Mama ist nicht da. Der kleine Fisch sucht seine Mama und fragt die anderen Tiere: ‚Bist du meine Mama?' ‚Nein, ich bin nicht deine Mama.'"
Th holt das Sprachausgabegerät hervor und bespricht dieses mit der Aussage: „NEIN, ICH BIN NICHT DEINE MAMA!"
Das Buch wird erneut gelesen. Die Mädchen dürfen abwechselnd die Sprechtaste drücken. Am Ende des Buches findet der kleine Fisch seine Mama.
Th fragt: „Bist du meine Mama?"
Die Schwester M antwortet sofort: „Ja, ich bin deine Mama!" V bestätigt diese Aussage durch ein Nicken.
Th: „Manuela, jetzt darfst du die Sprechtaste besprechen."
M belegt die Sprechtaste: „NEIN, ICH BIN NICHT DEINE MAMA!"
Das Buch wird erneut wiederholt. Die Aussage am Ende des Buches wird spontan von beiden Mädchen gesprochen: „Ja, ich bin deine Mama!"
V wendet sich hierbei ihrer Schwester zu.
Th: „Verena, jetzt darfst du die Sprechtaste besprechen! Pass auf, ich sag's dir vor: ‚Nein, ich bin nicht deine Mama!'"

V wendet sich in Richtung ihrer Schwester und wiederholt die Aussage: „Nein, ich bin nicht deine Mama!" Die Sprechtaste ist belegt.
V will sofort das Buch erneut anschauen. Die Taste wird abwechselnd von den Geschwistern gedrückt.
Der time-timer piepst. Die gemeinsame Zeit mit M ist vorbei. M wird verabschiedet. V ist alleine mit Th.
Th: „Wir lesen das Buch nochmal. Ich möchte nochmal deine Stimme hören."
Auch bei der erneuten Wiederholung bringt sich V aktiv ein, drückt die Taste entsprechend und spricht die letzte Äußerung eigenständig: „Ja, ich bin deine Mama!" V blickt dabei auf das Buch. Zudem erweitert sie ihre sprachlichen Äußerungen, indem sie das Buch zuschlägt und sagt: „Mama weg!"
Th: „Verena, dir gefällt die Geschichte, oder?"
V nickt.
Th: „Magst du die Geschichte mit den anderen Kindern im Stuhlkreis lesen?" V nickt.
Im Stuhlkreis wird die Geschichte gelesen und die immer wiederkehrende Aussage mit der Sprechtaste abwechselnd von verschiedenen Kindern ausgelöst. Auf der letzten Seite macht Th eine kurze Pause. Sie ruft erstaunt: „Oooooh! Schaut mal. Bist du meine Mama?"
V äußert spontan: „Ja, ich bin deine Mama!"
Th: „Super, Verena! Du bist ganz schlau. Da ist ja die Mama! Wir haben dich alle gehört!"

Weiterführung/Transfer: In den folgenden Wochen werden verschiedene Bilderbücher zunächst in der Therapie erarbeitet. Die wiederkehrenden Aussagen spricht V abwechselnd mit Th auf das Sprachausgabegerät. Anschließend werden die Geschichten im Stuhlkreis angeboten. Im Rahmen dieser Situationen nehmen die spontansprachlichen Äußerungen von V stetig zu. Auch innerhalb der Therapie spricht das Mädchen zunehmend mehr, z. B. beim gemeinsamen Spiel im Kaufmannsladen. Außerhalb der Therapie bieten Entscheidungsfragen, welche vom Kommunikationspartner gestellt werden, eine gute Möglichkeit, sich verbal einzubringen:

KP: „Verena, sollen wir heute wieder ein Buch lesen?" V nickt.
KP: „Sollen wir das Buch vom Fisch lesen oder das Buch von der kleinen Maus?"
V: „Buch de' Fisch."

Die Sprachtherapie mit der Zielsetzung, ein morpho-syntaktisches Regelsystem aufzubauen, kann beginnen.

Das Themenheft „UK und Mutismus" der Zeitschrift Unterstützte Kommunikation (2/2012) befasst sich mit weiteren Möglichkeiten, Kindern mit Mutismus durch den Einsatz Unterstützter Kommunikation den Weg zur Lautsprache zu ebnen.

9.6 Sprachentwicklungsstörung bei ADHS

Klare Therapiegestaltung

Kinder mit einem Aufmerksamkeits-Defizit-(Hyperaktivitäts)-Syndrom brauchen übersichtliche und sinnvoll gestaltete Lerneinheiten. Klare Rollenverteilung und Absprachen (z. B. visuelle Handlungs- und Verhaltenspläne, →Kap. 7.3) sind notwendig, damit das Kind Sicherheit, Verlässlichkeiten und Orientierung erlebt.

Hendrik (H), 6;7 Jahre, zeigt ein komplexes klinisches Bild eines Aufmerksamkeits-Defizit-Hyperaktivitäts-Syndrom (ADHS). Zu diesem Zeitpunkt werden unterschiedliche Medikamente ausprobiert, da bei dem Jungen extreme körperliche Nebenwirkungen auftreten. Bei H liegt eine schwere Sprachentwicklungsstörung vor. Das Sprachverständnis ist eingeschränkt, aber im Verhältnis zur aktiven Sprache wesentlich besser entwickelt. Die Auslassung des Verbs oder die Verwendung des Verbs als infinite Form am Satzende zeigt sich als dominanter fehlerhafter Prozess in der expressiven Sprache.

übergeordnetes Ziel: H schult seine Aufmerksamkeit für auditive Stimuli.

sprachliches Ziel: H baut eine stabile Verbzweitstellung auf.

Inhalt: Formulierung und Ausagieren kurzer SPO-Aussagen

Methoden:
- DGS-Handzeichen zur Verständnissicherung und Verhaltensregulierung,
- Einsatz von Symbolen und markiertem Satzstreifen zur Visualisierung der SPO-Struktur (→Abb. 15),
- Einsatz eines elektronischen Sprachausgabegerätes,
- Einsatz visueller Handlungspläne (z.B. zuerst – dann, →Abb. 27),
- Einsatz eines Belohnungssystems (→Abb. 28).

Material: Symbole und Satzstreifen, Sprachausgabegerät mit Ebenen (z.B. Little Step-by-Step, Sequenza-Box) oder Diktiergerät, Fotos von Personen oder Tieren, Lebensmittel

Wortmaterial: einfache Verben, z.B. „essen", „trinken"

Transkript einer Sprachtherapiesequenz:
Th: „*Zuerst* sprechen, *dann* essen oder trinken. Ich fang an!"
Th zieht nacheinander drei Bildkarten und klettet diese auf den Satzstreifen. Die Symbole sind auf drei Stapel angeordnet: Subjekt – Prädikat (rot umrandet) – Objekt.
Th: „*Mausi trinkt* Milch.*" Dabei zeigt Th mit dem Zeigefinger auf die jeweiligen Symbole. Im nächsten Schritt wird diese Aussage von Th auf das Sprachausgabegerät aufgenommen. Ein Rollenwechsel findet statt.
H zieht nacheinander drei neue Bildkarten und klettet sie an den Satzstreifen.
H: „*Heni Smartie essen.*"
Th: „Dein Finger hilft dir, richtig zu sprechen." Th führt den Zeigefinger von H. H spricht: „*Heni esse Smartie.*"
H springt auf und will im Schrank die Smarties holen.

Th: „*Stopp, zuerst* sprechen, *dann* essen. Setz dich!"
H setzt sich wieder hin.
Th: „Wir sprechen fünf Sätze! Schau, ich male fünf Kreise." Th malt fünf Kreise auf. „Du sprichst einen Satz, dann malst du einen Kreis aus."
H und Th ziehen abwechselnd drei Bildkarten, legen diese in der richtigen Anordnung auf den Satzstreifen und sprechen dazu. Die Struktur wird jeweils auf das Sprachaufnahmegerät aufgenommen.
Th zeigt als Modell, dass die SPO-Struktur auch flexibel sein kann: „*Smarties isst Hendrik!*"
Die Symbole werden auf dem Satzstreifen entsprechend vertauscht. Das Prädikat bleibt immer auf dem roten Platz.
Nach der Aufnahme von fünf Aussagen werden die Sätze nacheinander abgespielt und ausgeführt. H darf endlich Smarties essen.

Weiterführung/Transfer: Eine Wiederholung dieser Einheit wird von H selbst eingefordert. In der heilpädagogischen Gruppe und zu Hause kann auch die Einnahme der Mahlzeiten derartig gestaltet werden.

9.7 Nahezu ausbleibende expressive Sprache bei neurologischen Beeinträchtigungen

Epilepsie

Am Beispiel einer ausgeprägten Form einer Epilepsie unklarer Genese werden die Möglichkeiten aufgezeigt, wie mit Hilfe der Behandlungstechnik PROMPT, kombiniert mit PMS-Handzeichen und Buchstaben, in einem sehr begrenzten Rahmen sinnvolle Lautstrukturen angebahnt werden können.

Pablo (P), 5;6 Jahre mit nahezu ausbleibender Entwicklung der Lautsprache aufgrund immer wiederkehrender epileptischer Anfälle, verfügt nur über einzelne Vokale (/a/, /o/, /e/) und kommuniziert vorwiegend über eine Kommunikationstafel mit Kern- und Randvokabular (→Kap. 6.1). Er hat zunehmend Freude an Lautmalereien. Seine Mutter ruft er mit einem deutlichen /a/. Die Idee, das Wort /mama/ zu lernen, ist für P wie für die Mutter (M) sehr verlockend.

übergeordnetes Ziel: P erweitert seine lautsprachlichen Fähigkeiten.

sprachliches Ziel: P baut eine Konsonant-Vokal-Silbenstruktur auf.

Inhalt: P lernt die Synthese der Laute /m/ und /a/ und kann seine Mama korrekt ansprechen.

Methoden:
- In Anlehnung an VEDiT werden Buchstaben und PMS-Handzeichen hinzugenommen. Die zu lernenden Laute sind rot markiert.
- Silbenaufbau /ma/ mit Hilfe der PROMPT-Behandlungstechnik (PROMPT-Ziel: vertikale Bewegungsebene, Stimmgebung durch Kieferschluss- und Öffnungsphasen)

Wortmaterial: Silbenverdoppelungen mit Konsonant-Vokal-Struktur: /mama/

Transkript einer Sprachtherapiesequenz:
Th: „Pablo schau, das sind die Zeichen für die Laute, die wir heute sprechen. M A M A. Bei /m/ hilft dir deine Hand." Th führt das entsprechende PMS-Handzeichen aus. P probiert es gleich aus und es gelingt ihm.
Th: „Super. Ich hab ein /m/ gehört. Das /a/ kannst du schon alleine."
P produziert selbstständig das /a/. ▼

Th: „Pablo, bei den roten Buchstaben hilft deine Hand. Die blauen Buchstaben kannst du schon alleine! Ich zeig's dir!"
Th führt das PMS-Handzeichen für das /m/ bei sich selbst aus. Dann lässt Th die Hand los und öffnet gleichzeitig den Mund zum /a/: „/ma/."
P probiert dies motiviert aus. Die einzelnen Laute gelingen problemlos. Jedoch setzt der Junge zwischen den Lauten ab und die Synthese erfolgt noch nicht: /m/ […] /a/
Th: „Pablo, ich lass dich das /ma/ noch mal genau spüren."
Th führt die taktil-kinästhetischen Hinweisreize (PROMPT) für /ma/ bei P aus, um die Synthese zu produzieren. Viele Wiederholungen finden statt.
P führt nun spontan die Bewegung der Th bei sich selbst aus. Er berührt die geschlossene Mundpartie unterhalb der Unterlippe und lautiert ein /m/. Anschließend öffnet er mit leichtem Druck nach unten den Unterkiefer und lautiert ein /a/. Eine erneute Schließung und Öffnung der Mundpartie folgt. Die Synthese gelingt ganz allmählich. Th greift immer wieder ein und zeigt nochmals die genauen taktil-kinästhetischen Hinweisreize (PROMPT).

Weiterführung/Transfer: Die Mutter beobachtet bei P ein heimliches Üben. Immer öfter hört sie ein /mmm/, und sie bestärkt den Jungen in seinen Versuchen. Im Laufe der nächsten Wochen können die taktil-kinästhetischen Hinweisreize (PROMPT) reduziert werden. Schon ein Absetzen der Finger von der Mundpartie nach dem Lautieren von /m/ lässt eine Mundöffnung zu und ein /a/ erklingen. Zu einem späteren Zeitpunkt helfen dem Jungen auch intensive Silbenbögen und vor allem das Zusammenschlagen der Fäuste bei der Lautsynthese von einfachen, verdoppelten Konsonant-Vokal-Verbindungen /meme/, /momo/, /baba/, /bobo/ – ein großer Schritt innerhalb sicherlich begrenzter lautsprachlicher Möglichkeiten.

9.8 Ausbleibende expressive Sprache bei kognitiven Beeinträchtigungen

Viele Kinder mit kognitiven Einschränkungen haben große Schwierigkeiten, ein Verständnis für Sprache aufzubauen. Sie sehen keinen direkten Zusammenhang zwischen dem Gegenstand und dem dazugehörigen Symbol bzw. Begriff. Nur auf der Grundlage von Vorstellungsbildern können sich aber ein Symbolverständnis, intentionales Handeln und differenzierte Ausdrucksmöglichkeiten entfalten.

Schwere Intelligenzminderung

Folgendes Beispiel erzählt von **Sebastian** (S), 4;4 Jahre, mit schwerer Intelligenzminderung infolge eines akuten perinatalen Sauerstoffmangelns. Der Junge verfügt über keine Lautsprache. Er versucht jedoch, mit lautem Schreien seine Bedürfnisse zu äußern. Einfache Ursache-Wirkungs-Zusammenhänge kann er erfassen. Das Bewusstsein, dass er wirklich etwas bei seinem Kommunikationspartner bewirken kann, ist noch nicht stabil vorhanden. Ein triangulärer Blickkontakt ist gerade im Aufbau. Zwei Handzeichen wurden bereits unabhängig voneinander erarbeitet: „her" und „auf".

übergeordnetes Ziel: S erfährt, dass er bei seinem Kommunikationspartner etwas bewirken und somit seine eigenen Bedürfnisse befriedigen kann.

sprachliches Ziel: S kombiniert die Handzeichen „auf" und „her" und wendet diese gezielt an.

Inhalt: S fordert aktiv eine Handlung ein: Eine Banane wird „auf"-gemacht und „her"-gegeben.

Methode:
- Einsatz konventioneller Handzeichen zur Visualisierung der Schlüsselwörter „her" und „auf",
- physische Unterstützung zur Anbahnung von Handzeichen.

Material: ungeschälte Banane

Transkript einer Sprachtherapiesequenz:
Sebastian (S) sitzt seinem Vater (V) gegenüber. Th sitzt hinter S. Auf dem Tisch liegt eine ungeschälte Banane. S liebt Bananen. So greift er sofort nach dieser und will hineinbeißen.
V: „Bäh – ist nicht gut. Wir müssen noch <u>auf</u>machen." S schaut V an.
V fordert die Banane ein: „<u>Her</u>!" S gibt die Banane V.
V hält die Banane hoch. S schaut die Banane an und gebärdet: „Her"
V wiederholt: „<u>Her</u>!" V gibt S die Banane wieder.
Ein nochmaliges Hineinbeißen in die ungeschälte Banane wird verhindert, indem Th die Hand von S leicht festhält.
V: „Bäh. Wir müssen noch <u>auf</u>machen." S schaut wieder zu V.
V: „<u>Her</u>!" S gibt erneut die Banane V. V: „Wir müssen noch <u>auf</u>machen."
S schaut V an. Th führt mit den Händen von S das Handzeichen für /auf/ aus.

▼

V: „Auf. Ich mach auf!" V öffnet die Banane ein kleines Stück.
S schaut erwartungsvoll. S will nach der Banane greifen. In diesem Moment ergreift Th die Hand von S, dreht diese sanft nach oben und führt das Handzeichen für „her" aus. V wiederholt: „Her!"
V hält S die Banane hin und lässt ihn ein Stück abbeißen.
V nimmt die Banane wieder zurück und schließt erneut die Schale.
S gebärdet spontan: „Her"
V hält die verschlossene Banane S hin. S schiebt die Banane in Richtung V.
V: „Bäh. Wir müssen noch aufmachen."
S greift erneut zur Banane. S bemerkt, dass die Banane „zu" ist und schiebt sie wieder zurück.
V: „Wir müssen noch auf*machen." Diese Sequenz wiederholt sich einige Male.
V betont und gebärdet immer deutlicher das /auf/. Erst nach fünfmaligem Anbieten des Modells für /auf/ führt Th die Hände von S zum Handzeichen /auf/.
V: „Auf!" und öffnet die Banane.

Weiterführung / Transfer: Dieses beschriebene Setting wird so lange wiederholt, bis die Banane aufgegessen ist. Die Hilfestellung von Th wird in dem Maße zurückgenommen, wie S immer eigenständiger die unterschiedlichen Handzeichen im passenden Kontext einsetzt. Th achtet auf die Impulse, die von S initiiert werden und greift sie auf. So schließt S bereits selbstständig die Hände, und Th muss nur noch einen kleinen Hinweisreiz am Oberarm geben, damit sich diese auch zu einem „auf" öffnen.

Die oben genannte Sequenz kann sofort im Alltag übernommen werden. Der Junge darf täglich eine Banane essen, zu Hause, in der Einrichtung oder bei den Großeltern. Eine Person zur physischen Unterstützung der Ausführung der Handzeichen ist in der therapeutischen Übungssequenz zunächst unverzichtbar. Im Alltag kann jedoch der Kommunikationspartner auch von seiner Position aus den Händen von S den nötigen Impuls geben.

Weitere Vorschläge zur Kombination der Handzeichen „her" und „auf": Das Beispiel kann auf unzählige andere Situationen übertragen werden: der tägliche Riegel zur Brotzeit kann durch ein Schließen der Verpackung in ähnlicher Weise angeboten werden, oder die Kugeln für die beliebte Kugelbahn werden immer wieder in einer Dose verschlossen.

Das Verständnis für Ja-Nein-Fragen stellt für viele Kinder mit Intelligenzminderung eine große Hürde dar und bedarf einer intensiven Übungsphase.

Aufbau eines Ja-Nein-Konzeptes

Frühkindliche Meningitis

Kaspar (K), 14;3 Jahre mit starker Intelligenzminderung aufgrund einer frühkindlichen Meningitis, zeigt ein sehr reduziertes Symbol- und Sprachverständnis. K verfügt über keine Lautsprache. Das Kommunizieren über eine einfache Kommunikationstafel mit gleichbleibender Symbolanordnung (nach dem Prinzip der Kölner Kommunikationstafel, →Kap. 6.1) gelingt zunehmend besser. Er kann inzwischen eindeutig auf Symbole wie „fertig" und „nochmal" hinweisen. Es macht ihm große Freude, eine kleine Packung Gummibärchen auf diese Weise zu essen. Die leere Tüte zeigt ihm, dass das Naschen nun „fertig" ist. Auf Fragen wie: „Willst du nochmal?" zeigt K eindeutig das „nochmal"-Symbol auf seiner Kommunikationstafel. Unbeliebte Nahrungsmittel oder Gegenstände lehnt er mit „fertig" ab. Diese Fähigkeit zeigt, dass der Junge seine Vorlieben und Abneigungen kommunikativ eindeutig kundtun kann. Ein nächster Entwicklungsschritt ist nun der Aufbau eines Ja-Nein-Konzeptes.

übergeordnetes Ziel: K lernt abstrakte Wörter zu verstehen und gezielt einzusetzen.

sprachliches Ziel: K kann die Begriffe „ja" und „nein" zuordnen und verstehen.

Methoden:
- Einsatz von konventionellen Gesten für „ja" und „nein",
- Einsatz von Symbolen,
- Einsatz einer elektronischen Kommunikationshilfe.

Material:
- Zwei einfache Sprachausgabegeräte (z. B. BigMac oder Big Point) werden mit „ja" bzw. „nein" belegt und mit den entsprechenden Symbolen beklebt (Abb. 45).
- unbeliebte und beliebte Lebensmittel

Wortmaterial: „ja" und „nein"

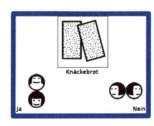 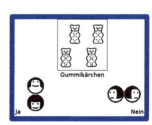

Abb. 45: Symboltafel zum Aufbau eines „Ja-Nein"-Konzeptes

In einem Korb sind verschiedene **unbeliebte und beliebte Lebensmittel** versteckt. Th holt ein Lebensmittel heraus und legt es auf einen markierten Kreis in der Mitte des Tisches. Vor K liegt links eine Sprechtaste mit dem Symbol und der Aussag für „ja" und auf der rechten Seite eine Sprechtaste mit „nein".

Wichtig ist, dass die Symbole für „ja" und „nein" anfangs immer an der gleichen Stelle angebracht werden, damit das Kind zusätzlich über immer gleichbleibende motorische Bewegungen Zusammenhänge zwischen Symbol und Ereignis erkennen kann. Erst zu einem späteren Zeitpunkt werden die Symbole an unterschiedlichen Stellen angeboten, um die Differenzierungsfähigkeit zwischen den Symbolen zu sichern.

Transkript einer Sprachtherapiesequenz:
Th legt auf eine markierte Stelle in der Mitte des Tisches ein Gummibärchen und fragt: „Magst du das haben?" K greift sofort nach dem Gummibärchen.
Th: „Stopp, hör zu! Magst du das haben? JA oder NEIN?" Th bedient dabei die jeweiligen Sprechtasten und benutzt die konventionelle Gestik für „ja" und „nein". K bedient die zuletzt gedrückte Sprechtaste: /NEIN/.
Th: „Nein [...] NEIN! Du willst kein Gummibärchen haben!"
Th legt das Gummibärchen zurück in den Korb. K protestiert und greift nach dem Korb.
Th: „Warte. Ich mach nochmal!" Th legt erneut ein Gummibärchen in die Mitte: „Magst du das haben? Warte! NEIN oder JA?"

K drückt sofort die Taste für JA und bekommt sein Gummibärchen.
Th: „Ja, du willst es haben. JA, JA."
Mehrmals hintereinander bekommt K ein Gummibärchen angeboten. K antwortet immer zuverlässiger mit JA.
Th holt nun eine verschrumpelte Kartoffel hervor: „Magst du das haben?"
K verzieht sein Gesicht und schiebt die Kartoffel weg.
Th: „Nein. Das willst du nicht haben! Dann sag's mir: NEIN oder JA." K drückt selbstständig auf NEIN.
Das Anbieten von unbeliebten und beliebten Lebensmitteln wird nun oft und gerne wiederholt.

Weiterführung/Transfer: Mit der Zeit kann K „ja" und „nein" durch die Symbole unterscheiden und diese zuverlässig auf seiner Kommunikationstafel benutzen. Im Alltag gelingt es ihm nun, selbstständig Entscheidungen treffen. K beantwortet Fragen, wie „Magst du rausgehen?" oder „Willst du nochmal Kartoffeln?", so dass er seine Wünsche und Bedürfnisse jetzt differenzierter äußern kann.

9.9 Ausbleibende expressive Sprache bei motorischen Beeinträchtigungen

Cerebralparese

Am Beispiel eines Mädchens mit spastisch dystoner Cerebralparese auf Grund einer pränatalen Hirnanlagestörung wird eine Möglichkeit aufgezeigt, wie durch noch sehr reduzierte Blicksteuerung hochkomplexe sprachliche Inhalte angebahnt und abgefragt werden können.

Die 5;4-jährige **Pia** (P) mit dem Erscheinungsbild einer Cerebralparese zeigt bereits eindeutige körpereigene Kommunikationsmöglichkeiten durch ein deutliches Lautieren bei Zustimmung und ein sich Abwenden bei Ablehnung. Eine Zeigegeste kann nicht ausgeführt werden. Gezielte Blickbewegungen kann P in diagonaler Richtung (oben rechts und unten links) sicher ausführen. Nur in einem großen Radius gelingt es P, vier Richtungen anzusteuern. P zeigt ein gutes Sprachverständnis. Die Aufmerksamkeitsspanne und Frustrationstoleranz sind jedoch stark reduziert, so dass Lernsequenzen mit vielen Pausen durchgeführt werden müssen.

übergeordnetes Ziel: P nimmt aktiv am kommunikativen Geschehen mit Hilfe einer Blicktafel mit Farbkodierung teil (→Kap. 6.2).

sprachliches Ziel:
- Erlernen des Auswahlprinzips mit einer farbkodierten Blicktafel als Vorbereitung auf ein elektronisches Sprachausgabegerät mit Augensteuerung (z.B. My Tobii P10),
- Förderung der phonologischen Bewusstheit im engen Sinne: Zuordnen von Anlauten.

Inhalt: Füttern der hungrigen Raupe Nimmersatt (Abb. 46)

Methoden:
- Augensteuerung über eine vereinfachte, mit zwei Farben (rot und grün – diagonal angeordnet) kodierte Blicktafel,
- Einsatz von Symbolen und Graphemen,
- Einsatz von PMS-Handzeichen,
- Körperscanning (→Kap.6.2).

Material:
- eine selbstgestaltete Raupe mit aufgeschnittenem Tennisball als Kopf und aufgefädelten Perlen als Körper, ▼

Abb. 46: Raupe Nimmersatt

- kleine Miniaturlebensmittel: Apfel, Muffin, Fisch, Smartie,
- Blickwahl-Rahmen und Blickwahl-Tafel mit zwei Farbebenen.

Wortmaterial: Substantive mit eindeutigen Anlauten: Apfel, Muffin, Fisch, Smartie

Transkript einer Sprachtherapiesequenz:
Th holt eine Raupe hervor: „Schau mal, das ist die Raupe Nimmersatt. Sie hat Hunger. Magst du sie füttern?"
Pia (P) gibt ihre Zustimmung mit einem lauten /a/.
Th: „Du darfst bestimmen, was die Raupe zum Essen bekommt."
Th zeigt P nacheinander vier Miniaturlebensmittel und benennt diese. Der jeweilige Anlaut wird dabei mit PMS-Handzeichen verdeutlicht: „/A/ wie **A**pfel, /M/ wie **M**uffin, /F/ wie **F**isch, /S/ wie **S**martie." Die vier Anlaute werden verdeckt auf einer mit zwei Farben markierten Blickwahl-Tafel eingesteckt. Die Blickwahl-Tafel wird in eine Holzleiste gesteckt und steht somit frei auf dem Tisch.
Th: „Schau, auf der Blicktafel gibt es große Farben und kleine Farben. Zuerst suchst du die große Farbe aus."
Th: „Welche Karte willst du aufdecken? Auf welcher großen Farbe willst du auswählen? Rot oder grün?" Th zeigt P den Blickwahl-Rahmen mit zwei diagonalen Farbfeldern. P blickt auf das grüne Feld unten links.
Th: „Grün!" Th zeigt auf das große Farbfeld mit grün auf der Blickwahl-Tafel. Th knickt nun die Blicktafel so ein, dass nur noch das Feld mit der grünen Hintergrundfarbe zu sehen ist und steckt die Tafel wieder in die Holzleiste.
Th: „Schau, jetzt gibt es wieder zwei Farben: rot und grün. Darauf sind zwei Karten. Welche Karte willst du aufdecken? Pia, zeig mir die kleine Farbe!"
Th zeigt P wieder den Blickwahl-Rahmen mit rot und grün.
P blickt weiter auf die Holzleiste mit der Blickwahl-Tafel und den umgedrehten Buchstabenkarten. Der Umweg über die erneute Farbauswahl auf dem Blickwahl-Rahmen fällt ihr schwer. P wird ungeduldig und fängt zu weinen an. Erst auf dem Schoß der Mutter beruhigt sie sich.
Th: „Die Raupe ist auch traurig. Sie hat nichts zum Essen." Th hält P erneut den Blickwahl-Rahmen hin. „Jetzt zeig mir die kleine Farbe mit der Karte!"
P blickt nach oben rechts und meint somit „rot".
Th: „Rot! <u>Super</u> geantwortet! Welches Zeichen versteckt sich da?" Th dreht die Karte um: „/A/. Schau, /A/ wie **A**pfel. Die Raupe darf den **A**pfel essen."
P bejaht dies mit einem freudigen /a/. Th gibt der Raupe den Apfel zu essen. P lacht, als sich der (Tennisball-)Mund der Raupe öffnet und der Apfel verschwindet.
Th: „Geht's weiter? Die Raupe hat den Apfel gegessen, aber satt ist sie immer noch nicht! Magst du sie weiter füttern?" P bejaht dies.
Th: „Jetzt wird es ein bisschen schwieriger! Jetzt muss die Raupe selbst ihr Essen finden. Hilfst du ihr?" P gibt ihre Zustimmung.
Th: „Zeig mir, auf welcher großen Farbe du eine Karte umdrehen willst." P blickt auf dem Blickwahl-Rahmen nach links unten und wählt somit „grün" aus.
Th: „Grün!" Th knickt die Blickwahl-Tafel wieder entsprechend um und formuliert den Auftrag: „Zeig mir die kleine Farbe. Such dir eine Karte aus, die ich aufdecken soll. [...] Hast du dir was ausgesucht? Ich sehe, du schaust schon! Zeig mir noch die kleine Farbe auf diesem Rahmen!" Th deutet auf den Blickwahl-Rahmen.
Th: „Zeig's schnell. Die Raupe hat Hunger." P blickt nach oben rechts. ▼

Th: „Rot. Du sagst ‚rot'. Welcher Buchstabe versteckt sich auf der kleinen roten Farbe. Schauen wir mal?" P lautiert ein /a/.
Th dreht die Karte auf der roten Farbe um: „/S/".
Th: „Oh, oh einen Buchstaben kann die Raupe nicht essen. Welches Wort fängt mit /S/ an? Schau mal!" Th nimmt die vier Miniaturlebensmittel auf. Apfel und Muffin werden mit der linken und rechten Hand gehalten, Smartie und Fisch werden auf die beiden Oberschenkel gelegt.
Th spricht dazu: „/A/* wie A*pfel oder /M/* wie M*uffin oder /S/* wie S*martie oder /F/* wie F*isch." Th betont die jeweiligen Anlaute, da die Ausführung der PMS-Handzeichen durch das Hochhalten der Hände nicht möglich ist: „Zeig mir, was die Raupe fressen darf!"
P schaut links oben auf die Hand mit dem „Muffin".
Th: „**M**uffin. Ooo, passt nicht! Das /M/ am Anfang schaut nicht aus wie die Karte mit /S/. Du musst /S/ suchen. Probier's nochmal." Th betont erneut die Anlaute und Wörter und zeigt, auf welchem Körperteil diese zu finden sind.
P schaut auf den rechten Oberschenkel unten: SMARTIE
Th: „**S**martie. Super, das passt! /S/ wie **S**martie. Die Raupe frisst ein **S**martie. P darf auch ein **S**martie essen. Wir machen Pause!"

Weiterführung: Auf diese Weise wird auch mit der Fütterung der anderen Lebensmittel verfahren. Schrittweise werden über einen längeren Zeitraum immer komplexere Aufgaben angeboten (z. B. Zuordnen von Ganzwörtern), und die Blicktafel wird auf vier Farbfelder erweitert.

9.10 Ausbleibende expressive Sprache bei adäquaten rezeptiven, kognitiven und motorischen Fähigkeiten

Eine ausbleibende expressive Sprachentwicklung trotz guter rezeptiver, kognitiver und motorischer Fähigkeiten erfordert den uneingeschränkten Einsatz von Unterstützter Kommunikation, um diesen Kindern Zugang zu Sprache und Kommunikation zu bieten.

Der 5;2-jährige **Felix** (F) zeigt eine Makrozephalie mit kombinierter Entwicklungsstörung unklarer Genese. Das Essverhalten ist sehr problematisch. Bis auf einige Einzellaute ist die produktive Sprachentwicklung stark eingeschränkt. Das Sprachverständnis ist altersentsprechend.
Die Eliminierung der Ess- und Schluckstörungen ist lange Zeit ein vordergründiges Ziel in der sprachtherapeutischen Behandlung. Inzwischen toleriert F feste Nahrung im Mund und lutscht diese. Das Kauen bereitet weiterhin Probleme, und der Schluckakt setzt sehr verzögert ein. ▼

Der Einsatz von Gebärden (GuK) wird weder von dem Jungen noch von den Eltern angenommen. Die Annahme, dass der Junge zu faul zum Sprechen sei, ist lange Zeit in der Familie vorherrschend. F zeigt zunehmend mehr oppositionelles Verhalten, wenn er sich nicht gehört und verstanden fühlt. Im Alter von 4;8 Jahren wird ihm die Kölner Kommunikationsmappe (→Kap. 6.1) angeboten, welche er sofort ohne große Erklärung nutzt. F kombiniert drei Symbole miteinander. In der heilpädagogischen Gruppe bedient er sich der PECS-Mappe (→Kap. 6.4) eines anderen Kindes mit Autismus-Spektrum-Störung.

Die Eltern erkennen die Notwendigkeit, ihrem Sohn ein „mehr" an kommunikativen Möglichkeiten zur Verfügung zu stellen. Ein elektronisches Sprachausgabegerät (Dynavox) wird im Rahmen einer Vorstellung bei einer Beratungsstelle für Unterstützte Kommunikation empfohlen, beantragt und von der privaten Krankenkasse zum Teil übernommen. Die Eltern und pädagogischen/therapeutischen Fachkräfte nehmen regelmäßig an Workshops zur Bedienung und zum Einsatz des Dynavox-Gerätes teil und stehen in engem Austausch miteinander.

übergeordnetes Ziel: F nimmt selbstinitiiert mit vielfältigen Möglichkeiten an Kommunikation teil.

sprachliches Ziel:
- F kann den Dynavox gezielt zur Kommunikation einsetzen.
- F bildet selbstständig vollständige Aussagen.

Inhalt: freies Erzählen und Rollenspiel im Kaufmannsladen

Methoden:
- Einsatz von DGS-Handzeichen zur Verhaltenslenkung und Verständnissicherung,
- Einsatz eines elektronischen Sprachausgabegerätes,
- Lernen am Modell.

Material: Kaufmannsladen mit Zubehör, Einkaufsliste mit Symbolen (→Abb. 19)

Wortmaterial: einfache SPO-Strukturen

Transkript einer Sprachtherapiesequenz:
Th: „Hallo, Felix!" Felix (F) sucht und findet auf dem Dynavox „HALLO". Th stellt den „time-timer" auf fünf Minuten: „Felix, du willst mir bestimmt etwas erzählen?"
F zeigt und drückt die neuen Buttons, die seine Mutter erstellt hat: „LASTER".
Th: „Laster. Ich weiß, dass du den gerne hast. So einen haben wir auch!"
F zeigt und drückt „BALL". Th: „Hast du einen neuen Ball?"
F schüttelt den Kopf und lautiert: „/nnn/."
Th: „Was ist mit dem Ball?" F unterbricht und drückt: „SEI LEISE!" ▼

Th empört sich: „Was, ich soll leise sein!" F nickt, lautiert /aa/ und lacht ausgelassen. F drückt erneut „SEI LEISE", „SEI LEISE!". Th: „Ok, ok, ich bin ja schon leise!" F lacht erneut. Er drückt wild durcheinander die Buttons „LASTER", „BALL", „SEI LEISE".
Der „time-timer" piepst. Th: „Hast du gehört? Erzählzeit ist zu Ende. Jetzt ist Arbeitszeit! Wir üben unseren Einkauf im Obstladen."
F bestellt mit Hilfe einer Einkaufsliste, auf der Symbole und Zahlen abgebildet sind. F sucht und findet die Symbole auf dem Dynavox: „ICH WILL DREI WÜRSTE."
Th: „Du willst drei Würste. Ich hol dir drei Würste!" Th holt drei Würste aus dem Kaufmannsladen und überreicht sie F.
F beachtet Th nicht und bestellt weiter: „ICH WILL ZWEI MILCH!"
Th: „Du willst Milch. Ich hole Milch." Th holt eine Milch aus dem Kaufladen und überreicht diese F. F nimmt wenig Notiz von Th und will weiterbestellen.
Th: „Stopp! Du musst schauen, ob ich alles richtig mache. Schau mal!" Th zeigt auf die Einkaufsliste mit dem Symbol *zwei Milch*.

F wird ungeduldig. Er will weiter bestellen.
Th: „Wie viel Milch willst du?" F schaut auf seiner Liste nach und drückt ZWEI.
Th: „Danke, dass du's nochmal gesagt hast. Danke."
Th überreicht F noch eine Milch. Th sucht den Blickkontakt des Jungen und gibt mit dem Handzeichen für „Danke" einen visuellen Hinweisreiz. F drückt „DANKE".
Th: „Super Felix, da freut sich die Verkäuferin, wenn sie von dir ‚Danke' hört."
F bestellt weiter. Die Liste ist abgearbeitet.
Th: „Du musst mir noch sagen, dass du mit dem Einkaufen fertig bist und dass du bezahlen möchtest. Ich zeig dir, wo du drücken kannst."
Th zeigt F die Buttons für die eingespeicherten Phrasen „DAS IST ALLES" und „ICH MÖCHTE BEZAHLEN". F drückt die jeweiligen Tasten.
Ein Rollenwechsel findet statt. Th kauft ein, benutzt den Dynavox und die Einkaufsliste für die Bestellung. Th fungiert somit als konkretes Modell für die Bedienung des Sprachausgabegerätes.

Weiterführung / Transfer: Das Beispiel verdeutlicht die vielfältigen Möglichkeiten, wie ein Junge mit gutem Sprachverständnis und nahezu fehlender Lautsprache eigenaktiv mit Hilfe eines komplexen elektronischen Sprachausgabegerätes kommunizieren lernt. Auch im Alltag wird der Talker ganz selbstverständlich genutzt. Mit dem Anbieten des Talkers erweitern sich die eigenen Vokalisationsversuche von F. Beim Treppensteigen singt er Vokale, wie /a/ und /o/, und kann diese Laute mittlerweile auch gezielt nachahmen. Wenn er im Stuhlkreis an die Reihe kommen möchte, ruft er /i/. Der Speichelfluss hat drastisch abgenommen, oppositionelles Verhalten wird seltener beobachtet.

Zusammenfassung

Die beschriebenen Fallbeispiele haben nicht den Anspruch, Lösungen im Sinne von Patentrezepten zu liefern. Vielmehr öffnen sie die Augen für neue und „andere" Wege, um Kindern mit komplexen Sprach- und Kommunikationsstörungen eine Brücke zu Sprache und Kommunikation bzw. Integration und Partizipation zu schlagen.

10 Finanzierung und Praxisausstattung

10.1 Anforderungsprofil einer sprachtherapeutischen Praxis

Der Einsatz von Prinzipien und Methoden der Unterstützten Kommunikation innerhalb des sprachtherapeutischen Repertoires verweist auf viele zusätzliche und multimodale sprach- und kommunikationsspezifische Handlungsmöglichkeiten, welche in der Arbeit mit Menschen mit sprachlichen und kommunikativen Beeinträchtigungen von großem Vorteil sind.

multimodale sprach- und kommunikationsspezifische Handlungsmöglichkeiten

Inhalt Unterstützter Kommunikation

Neben einem selbstverständlich vorausgesetzten sprachtherapeutischen **Know-how** auf allen kommunikativen und linguistischen Ebenen ist eine **offene Haltung** wichtiger als die Anschaffung von teurem Material. Folgende Voraussetzungen impliziert der Einsatz Unterstützter Kommunikation innerhalb der sprachtherapeutischen Arbeit:

- die Verinnerlichung eines humanistischen Menschenbildes,
- ein umfassendes pädagogisch-therapeutisches Wissen, welches Erkenntnisse aus allen Nachbardisziplinen der (Sonder-)Pädagogik (Erkenntnisse aus der Geistigbehindertenpädagogik, Grundlagen der Verhaltenstherapie, Kompetenzen in psychologischer Beratung …) miteinbezieht,
- Aufgeschlossenheit dafür, sich auf die Lebenssituation des Menschen mit (noch) eingeschränkter oder fehlender Lautsprache und dessen Familien einzustellen,
- die Bereitschaft, einen pädagogischen und therapeutischen Mehraufwand zu leisten,
- die Bereitschaft zur interdisziplinären Arbeit, damit eine qualifizierte Beratung bei der Auswahl und Anpassung von Kommunikationshilfen gewährleistet werden kann,
- ein gutes Gespür dafür, an welcher Stelle die eigenen Kompetenzen überschritten werden und Aufgabengebiete in andere, professionellere Hände zu übergeben sind. Ein Beispiel hierfür wäre das Einbeziehen

eines Psychologen, wenn die Verhaltensprobleme des Kindes trotz Strukturierung und Anbieten von visuellen Verhaltensplänen das sprachtherapeutische Arbeiten massiv beeinflussen.

Und dies alles impliziert ein bisschen MEHR an

- Zeit,
- Flexibilität,
- Geduld,
- Einfühlungsvermögen,
- Sensibilität,
- Erfindungsreichtum,
- Interpretationsgeschick,
- Verhandlungsbereitschaft,
- Glauben an die Kompetenzen des Kindes und dessen Eltern,
- Hoffnung und Zuversicht.

Fort- und Weiterbildung

professionelle Verknüpfung

Die Fort- und Weiterbildung auf dem Gebiet der Unterstützten Kommunikation ist notwendige Voraussetzung für eine professionelle Verknüpfung von sprachtherapeutischen Prinzipien und Methoden der Unterstützten Kommunikation.

Zertifikatskurse und andere Fortbildungen von ISAAC-GSC e.V.: *www.isaac-online.de*

Fortbildungen im Bereich der Unterstützten Kommunikation: *www.dbs-ev.de*

Empfehlung zur Materialanschaffung und Ausstattung

Wie oben erwähnt, ist der Einsatz von Methoden aus der Unterstützten Kommunikation nicht von der Anschaffung teurer Kommunikationsgeräte abhängig ist. Das Anbieten von Unterstützten Kommunikationsformen ist jederzeit und sofort mit einfachen, günstigen und selbst gestalteten Materialien möglich. Anbei eine Liste von Materialien, die (nach und nach) angeschafft werden können:

- Literatur zum Thema: Handzeichen und Gebärden: z. B.
  - Kestner (2011): Das große Buch der Deutschen Gebärdensprache auf DVD
  - Bunge, Rothaus, Bunge (2011): Meine Gebärdenschule. Trainingsprogramm zum spielerischen Erlernen von Gebärden auf CD-ROM
  - Wilken (2005): Gebärden unterstützte Kommunikation [GuK]
- Gebärdenliederbücher, z. B.
  - Leber, Spiegelhalter (2004): „Mit den Händen singen". Ein Liederbuch für Groß und Klein mit Gebärden der DGS und aus der Sammlung „Schau doch meine Hände an" von Loeper, Karlsruhe
- Gebärdenbilderbücher, z. B.:
  - Rüster, K. (2009): Marie im Kindergarten. Ein Bilderbuch mit Gebärden und einem Spielkarten-Set. Von Loeper, Karlsruhe
  - Schwarzburg-von-Wedel, E. (2008): Das Häschen und die Rübe. Ein chinesisches Wintermärchen mit Bildern und Gebärden. Von Loeper, Karlsruhe
  - Stahl, B. (o.J.): Pano hat Langeweile. Ein Fühl-Bilderbuch mit Gebärden. Ba Bi Bu Verlag, Stahl & Weiden GbR
  - weitere Buchverlage, welche Bücher mit Gebärden anbieten: Verlag hörgeschädigte Kinder gGmbH (*www.verlag-hk.de*); Verlag Karin Kestner (*www.kestner.de*); Verlag Fingershop (*www.fingershop.ch*); von Loeper Literaturverlag (*www.ariadne.de*)
- Digitalkamera/Videokamera
- Farbdrucker
- digitale Symbolsammlung: z. B.
  - Metacom (*www.metacom-symbole.de*)
  - PCS-Symbole (*www.mayer-johnson.com/boardmaker-software/*)
  - kostenlose Symbolsammlungen (*www.pecsforall.com/pictoselector/index_de.html*, *www.gpaed.de/blog/kostenlose-piktogramme-fuer-alle-situationen/*)
- Buchstabenkarten
- Vorlagen für Kommunikationsmappen (z. B. *www.ariadne.de*), Lesebücher (*www.Tarheelreader.org/welcome-de/*) und Ich-Bücher (*www.aac-forum.net/ich-buch.html*)
- Kommunikationsmappen und -tafeln, z. B.
  - PECS-Kommunikationsmappe (*www.pecs-germany.com*)
  - Kölner Kommunikationsmaterialien (*www.fbz-uk-koeln.de*)
  - Kommunikationsordner mit METACOM Basiswortschatz (*www.bildboxen.de*)
- Material für Blicktafeln: z. B. Plexiglaswand aus einem Baumarkt und/oder transparenter Aufsteller und Blicktafel für die Augensteuerung (Transpastand und Transpaluc, z. B. *www.ariadne.de*)
- Laminiergerät und viel Klett
- Strukturkarten, um Abläufe zu visualisieren
- eine Schiene zum Kartenaufstellen
- Whiteboard
- einfache Sprachausgabegeräte: z. B. BigMac, Step-by-Step mit Ebenen

(z. B. auf *www.rehavista.de*) oder BigPoints 5er-Set; Sequenza-Box, (z. B. *www.ariadne.de*)
- elektronisches, batteriebetriebenes Spielzeug
- Netzschaltadapter, z. B. PowerLink 4 (z. B. *www.rehavista.de*) und verschiedene Schalter mit Kabel
- Effekt- und Verstärkerspielzeug: z. B. leuchtende Kugeln, vibrierende und / oder geräuschvolle Tiere (z. B. *www.landoftoys.com*; *www.pro-aba.com*)

Weiterhin sollte die sprachtherapeutische Praxis über einen barrierefreien Zugang verfügen, gute Sitz- und Lagerungsmöglichkeiten für Menschen mit Bewegungsstörungen und Sinnesbeeinträchtigungen und natürlich Platz für Eltern und Angehörige bieten.

10.2 Beantragung eines Hilfsmittels

Der gesetzliche Anspruch auf ein Hilfsmittel

Was müssen Sprachtherapeuten und Eltern wissen?

Kommunikationshilfen (nicht-elektronische und elektronische) gehören zu den verordnungsfähigen Hilfsmitteln.

„Hilfsmittel sind Produkte, die im Einzelfall notwendig sind, um einer drohenden Behinderung vorzubeugen, den Erfolg der Heilbehandlung zu sichern oder eine Behinderung bei der Befriedigung von Grundbedürfnissen des täglichen Lebens auszugleichen, soweit sie nicht allgemeine Gebrauchsgegenstände des täglichen Lebens sind" (SGB IX § 31 Hilfsmittel, Abs. 1).

Hilfsmittelrichtlinien

Die Hilfsmittelrichtlinien des Bundesausschusses für Ärzte und Krankenkassen enthalten alle von der gesetzlichen Leistungspflicht umfassten Hilfsmittel.

Kostenträger

Kostenträger der jeweiligen Hilfsmittel kann die Krankenkasse, das Arbeitsamt, der Sozialhilfeträger sowie die Unfall- und Rentenversicherung sein. Der Kostenträger orientiert sich vorwiegend an den Hilfsmittelrichtlinien, welche regelmäßig ergänzt und im Bundesanzeiger veröffentlicht werden. Richtlinien für die Gewährung von Hilfsmitteln sind im Behindertengleichstellungsgesetz (BGG), in der Kommunikationshilfeverordnung (KHV) und in Sozialgesetzbüchern (SGB V § 33 Hilfsmittel, § 128 Hilfsmittelverzeichnis, SGB VII § 31 Hilfsmittel, SGB XI § 40 Pflegehilfsmittel und technische Hilfen, SGB) festgesetzt. Die privaten Krankenkassen sind bei ihrer Entscheidung für oder gegen die Kostenübernahme eines Hilfsmittels nicht an Urteile der Gesetzlichen Krankenversicherungsvereinigung (GKV) oder den gesetzlich vorgeschriebenen Hilfsmittelkatalog gebunden.

Bei der Beantragung der Kostenübernahme für ein Hilfsmittel ist noch eine wichtige Unterscheidung zu treffen: Handelt es sich bei dem Hilfsmittel um eine Kommunikationshilfe

> **wichtige Unterscheidung**

- für die niedergelassene Praxis,
- für die gesamte Einrichtung innerhalb einer Schule oder
- für einen einzelnen Menschen?

Der Praxisinhaber muss für die Kosten von Hilfsmitteln selber aufkommen. Im Falle einer Anschaffung für die Schule ist ein Sachaufwandsträger zuständig. Je nach Schulart ist die Regierung, die Gemeinde oder der Rechtsträger der jeweiligen Einrichtung der Ansprechpartner. Auch ist die Finanzierung von Materialien zur Unterstützten Kommunikation über die laufenden Schulaufwandskosten möglich. Die Richtlinien einer Finanzierung sind noch nicht gesetzlich verankert und basieren auf Einzelfallentscheidungen.

Wird das Hilfsmittel für eine einzige Person beantragt, sind die bereits genannten Kostenträger (Krankenkasse, Arbeitsamt, Sozialhilfeamt, Unfall- und Rentenversicherung) für die Finanzierung zuständig.

Welche Unterlagen werden zur Beantragung eines Hilfsmittels benötigt?

Folgende Unterlagen sind bei der Beantragung eines Hilfsmittels auszufüllen:

- ein **Kostenvoranschlag** für das Hilfsmittel (erhältlich bei den Hilfsmittelfirmen),
- eine **Hilfsmittelverordnung**, die über den Arzt erfolgt. Es gibt bei der Hilfsmittelverordnung (im Gegensatz zur Heilmittelverordnung) keine Budgetierung. Dem Gebot der Wirtschaftlichkeit soll jedoch Rechnung getragen werden.
- Ein **formloser Antrag der Kostenübernahme** muss von den Eltern verfasst werden, beispielsweise mit folgender Formulierung: „Hiermit beantragen wir für XXX das von der Schule / Therapie / Beratungsstelle befürwortete Kommunikationsgerät XXX (genaue Bezeichnung des Gerätes mit evtl. Zubehör und Name der Firma)."

- Zusätzlich ist ein **sprachtherapeutisches/sonderpädagogisches Gutachten** von großem Vorteil. Dieses erhält man z.B. nach einer Vorstellung an einer kostenfreien Beratungsstelle für Unterstützte Kommunikation (z.B. ELECOK). Andere im Idealfall aufeinander abgestimmte Gutachten und Stellungnahmen werden von Lehrern, (Sprach-)Therapeuten, Ärzten (medizinische Gutachten) oder pädagogischen Fachkräften verfasst.

Folgende Aspekte sollten enthalten sein:

- **Anmerkungen zur Beschreibung des konkreten Einsatzes** des Hilfsmittels,
- **Anmerkungen zu den Möglichkeiten, w**ie das Hilfsmittel im Alltag und in der Sprachtherapie eingesetzt werden kann.

Im Falle eines bereits zur Erprobung genehmigten Hilfsmittels muss eine möglichst detaillierte Beschreibung der Erprobungsphase erfolgen. All diese Unterlagen reichen die Eltern beim Kostenträger ein.

Eltern brauchen Hilfestellung.

In vielen Fällen benötigen die Eltern bei der Beantragung des ersten Hilfsmittels Hilfestellung, und es ist persönliches Engagement der pädagogisch/therapeutischen Fachkräfte erforderlich. Unterstützung bieten auch Hilfsmittelfirmen und Beratungsstellen für Unterstützte Kommunikation.

Ein Mustergutachten zur Beantragung eines kommunikativen Hilfsmittels (Zusatz 8) kann auf der Verlagshomepage heruntergeladen werden.

Anspruch auf Widerspruch bei Ablehnung

Die Eltern müssen darüber informiert werden, dass bei Ablehnung der Kostenübernahme innerhalb von vier Wochen ein Widerspruch vom Antragsteller gestellt werden sollte. Eine konkrete Stellungnahme kann nachgereicht werden. Falls dem Schreiben vom Kostenträger keine Rechtsmittelbelehrung beigefügt ist, darf innerhalb einer Frist von 12 Monaten Widerspruch eingelegt werden. Diese Information ist wichtig, da die Eltern den Bescheid bzgl. einer Kostenübernahme persönlich erhalten und oftmals bei einer ersten Ablehnung die Beantragung dieses Hilfsmittels als gescheitert ansehen.

Die Erfahrung zeigt, dass die Beantragung eines Hilfsmittels häufig ein langes Genehmigungsprocedere nach sich zieht. Der Leidtragende ist immer die Person, welche auf dieses Hilfsmittel angewiesen ist. Bei Kindern werden unter Umständen wichtige Phasen versäumt, in denen die Grundlagen der Kommunikation erlernt werden bzw. die Kommunikationsentwicklung mit Hilfsmittel erfolgreicher verlaufen könnte.

So sollte die Beratung hinsichtlich eines Hilfsmittels möglichst früh erfolgen, auch auf die Gefahr hin, dass die Betroffenen und Angehörigen zu diesem Zeitpunkt noch gar nicht bereit sind, sich mit dem ausbleibenden Spracherwerb oder dem drohenden Sprechverlust auseinanderzusetzen. Die Beratung erfordert viel Behutsamkeit, Einfühlungsvermögen und Respekt gegenüber dem Betroffenen und dessen Angehörigen.

möglichst frühe Beratung

Die sprachtherapeutische Praxis kann über *www.landoftoys.com* und *www.ariadne.de* kostengünstige Materialien und elektronische Sprechhilfen beziehen.

Das aktuelle Hilfsmittelverzeichnis kann unter *www.gkv-spitzenverband.de/Aktuelles_Hilfmittelverzeichnis.gkvnet* eingesehen werden.

Hinkelmann, J. (2011): Anspruch auf das technisch Machbare. Kostenübernahme für elektronische Kommunikationshilfen. Unterstützte Kommunikation 1, 33–35.

Päßler-van Rey, D. (2011): Rechtliche Grundlagen zur Hilfsmittelversorgung. In: Nonn, K. (2011): Unterstützte Kommunikation in der Logopädie. Forum Logopädie. Thieme, Stuttgart / New York

Das Themenheft „Was darf eine Stimme kosten?" der Zeitschrift Unterstützte Kommunikation 1/2008 bietet dem interessierten Leser weitere Informationen zur Kostenübernahme von Hilfsmitteln.

Ausblick

Ich hoffe, dass es mir mit diesem Buch gelungen ist, das einseitige Verständnis, Unterstützte Kommunikation bestehe nur aus „Gebärdensprache und elektronischen Talkern und verhindere womöglich die Entwicklung der Lautsprache" aufzulösen. Des Weiteren hoffe ich, dass viele Sprachtherapeuten einen Zugang zur Unterstützten Kommunikation erhalten haben und dies als große Bereicherung für ihr eigenes sprachtherapeutisches Handeln erleben werden. Denn es ist die Aufgabe des Sprachtherapeuten, das Kind mit seinen sprachlich-kommunikativen Auffälligkeiten bestmöglich zu fördern, individuelle Kommunikationswege aufzuspüren und Mittel zur Verfügung zu stellen, wodurch diese genutzt werden können.

Spezialisten und Experten der Unterstützten Kommunikation werden sicherlich viele Beschreibungen in diesem Buch finden, die ungenau und unvollständig wirken. Nur ein kleiner Ausschnitt aus den vielfältigen Möglichkeiten mit Prinzipien und Formen der Unterstützten Kommunikation, das sprachtherapeutische Methodenrepertoire **bunter** zu gestalten, wurde dargestellt. Es besteht weiterhin ein erhöhter Informations- und vor allem Forschungsbedarf bzgl. des Einsatzes von Unterstützter Kommunikation innerhalb der Sprachtherapie, um eine optimale Qualität zu gewährleisten.

Literatur

American Speech-Language-Hearing Association (1992): Guidelines for Meeting the Communication Needs of Person with Severe Disabilities. National Joint Committee for the Communication Needs of Persons with Severe Disabilities. In: *http://www.asha.org/docs/pdf/GL1992-00201.pdf*, 18.06.2012

Aktas, M. (2008): Maßgeschneiderte standardisierte Diagnostik bei Kindern mit Down-Syndrom? Kein Ding der Unmöglichkeit. In: Giel, B., Maihack, V. (Hrsg.), 101–121

Aktas, M. (2004): Sprachentwicklungsdiagnostik bei Kindern mit Down-Syndrom. Entwicklung eines diagnostischen Leitfadens zum theoriegeleiteten Einsatz standardisierter Verfahren. Universität Bielefeld: Dissertation im Fachbereich Psychologie. In: *bieson.ub.uni-bielefeld.de/volltexte/2004/574*, 18.06.2012

Andres, P., Gülden, M., Stahl, M. (2007): Der Elefant am Frühstückstisch. Oder: Von der Kraft einfacher, flexibler Wörter in der Unterstützten Kommunikation. In: Sachse, S., Birngruber, C., Arendes, S. (Hrsg.): Lernen und Lehren in der Unterstützten Kommunikation. von Loeper, Karlsruhe, 174–183

Appelbaum, B. (2011): Zeig's mir … mit Gebärden. In: Bollmeyer, H., Engel, K., Hallbauer, A., Hüning-Meier, M. (Hrsg.): UK inklusive. Teilhabe durch Unterstützte Kommunikation. von Loeper, Karlsruhe, 237–251

Appelbaum, B. (2010): Gebärden in der Sprachtherapie. Chancen für Kommunikation und Lautsprachentwicklung. Unterstützte Kommunikation 2, 34–41

Bernard-Opitz, V. (2007): Kinder mit Autismus-Spektrum-Störungen (ASS). Ein Praxisbuch für Therapeuten, Eltern und Lehrer. 2. Aufl. Kohlhammer, Stuttgart

Bienstein, P., Nußbeck, S. (2009): Reduzierung selbstverletzenden Verhaltens durch funktionelles Kommunikationstraining – Eine Einzelfallstudie. Zeitschrift für Kinder- und Jugendpsychiatrie und Psychotherapie 37 (6), 559–568

Bienstein, P., Sarimski, K. (2011): Unterstützung von psychischer Gesundheit zur Förderung von Lebensqualität. In: Fröhlich, A., Heinen, N., Klauß, T., Lamers, W. (Hrsg.): Schwere und mehrfache Behinderung – interdisziplinär. Band 1. Athena, Oberhausen, 109–128

Birngruber, C. (2011a): Unveröffentlichtes Manuskript, nach van Tatenhove 2008–10. In: *www.prd-on-tour.mindspeak.de*, 26.05.12

Birngruber, C. (2011b): Zielvokabular aus dem Förderzentrum Helfende Hände gemeinnützige Gmbh unter Einbeziehung des Zielwortschatzes der Quasselkiste 60 von Prentke Romisch Deutschland, nach 300+ Tafel © van Tatenhove 2005 (*http://www.vantatenhove.com/files/ColorWordBoard.pdf*); Übertragung ins Deutsche: Stefanie Sachse / Gails Farben

Boenisch, J. (2008): „Sprachtherapie und/oder Unterstützte Kommunikation?" Forschungsergebnisse zur kommunikativen Situation von Kindern ohne Lautsprache. In: Giel, B., Maihack, V. (Hrsg.), 149–178

Boenisch, J., Sachse, S. (2011): Rand- und Kernvokabular in der Unterstützten Kommunikation. Grundlagen und Anwendung. In: ISAAC (Hrsg.): Handbuch der Unterstützten Kommunikation. von Loeper, Karlsruhe, 01.026.030–01.026.040
Braun, U., Baunach, M. (2008): Märchen und Mythen in der Unterstützten Kommunikation. Unterstützte Kommunikation 2, 5–10
Braun, U., Kristen, U. (2003): Körpereigene Kommunikationsformen. In: ISAAC (Hrsg.): Handbuch der Unterstützten Kommunikation. von Loeper, Karlsruhe, 02.003.001–02.007.001
Braun, U., Orth, S. (2007): Kommunikationsförderung mit schwerstbehinderten Kindern – von der Kontaktanbahnung zu gemeinsamen Zeichen. In: Fröhlich, A., Heinen, N., Lamers, W. (Hrsg.): Frühförderung von Kindern mit schwerer Behinderung. Texte zur Körper- und Mehrfachbehindertenpädagogik. Band 3. Selbstbestimmtes Leben, Düsseldorf, 62–75
Brown, K., Mirenda, P. (2006): Contingency Mapping: Use of a Novel Visual Support Strategy as an Adjunct to Functional Equivalence Training. Journal of Positive Behavior Interventions 8 (3), 155–164
Bundschuh, K. (2004): Sprache und Verhaltensstörungen. In: Grohnfeldt, M. (Hrsg.): Lehrbuch der Sprachheilpädagogik. Band 5: Bildung, Erziehung, Unterricht. Kohlhammer, Stuttgart, 356–365

Capone, N., McGregor, K. (2004): Gesture Development. A Review for Clinical and Research Practises. Journal of Speech, Language and Hearing Research 47 (1), 173–186
Carpenter, J., Drabick, D. (2011): Co-occurence of Linguistic and Behavioural Difficulties in Early Childhood. Early Child Development and Care 181 (8), 1021–1045
Cooper, J. O., Heron, T. E., Heward, W. L. (2007): Applied Behavior Analysis. Pearson Merrill Prentice Hall, New Jersey
Cox, M. (2005): The Pictorial World of the Child. Cambridge University Press, New York
Cumley, G. (2006): Children With Apraxia and The Use of Augmentative and Alternative Communication. www.kintera.org. In: Lauer, N., Birner-Janusch, B. (2010): Sprachapraxie im Kindes- und Erwachsenenalter. 2. Aufl. Thieme, Stuttgart / New York

Dannenbauer, F. (2002): Grammatik. In: Baumgartner, S., Füssenich, I. (Hrsg.): Sprachtherapie mit Kindern. 5. Aufl. Ernst Reinhardt, München / Basel, 105–161
Dohmen, A. (2009): Die Herausforderung der sprachtherapeutischen Intervention bei Einschränkungen der kommunikativen Kompetenz von Kindern. PathoLink 14 (1), 10–13
Dupuis, G. (2009): Sprachtherapie für unterstützte Kommunizierende im Spiegel internationaler und nationaler Konventionen, ihre Verankerung in den Heilmittelrichtlinien und ihre Gestaltung. In: Birngruber, C., Arendes, S. (Hrsg.): Werkstatt Unterstützte Kommunikation. von Loeper, Karlsruhe, 423–430
Dupuis, G. (2005): Unterstützte Kommunikation und Sprachtherapie. In: Boenisch, J., Otto, K. (Hrsg.): Leben im Dialog. Unterstützte Kommunikation über die gesamte Lebensspanne. von Loeper, Karlsruhe, 24–39

Eisert, D., Rist, A. (2009): Spiele zur grammatischen Sprachförderung und -therapie. Modifikation von 20 Regelspielen im Sinne der Kontextoptimierung von Hans-Joachim Motsch. AVM-Verlag, München

Fey, M. (1986): Language Intervention with Young Children. Pro-Ed, Austin
Fröhlich, A., Simon, A. (2004): Gemeinsamkeiten entdecken. Mit schwerstbehinderten Kindern kommunizieren. Selbstbestimmtes Leben, Düsseldorf
Frost, L., Bondy, A. (2011): Picture Exchange Communication System. Trainingshandbuch. Deutsche Übersetzung. 2. Aufl. Pyramid, Herrsching
Fürsich-Eschmann, I., (1989): Das lautsprachbegleitende Gebärden-Verfahren. PM Projektgruppe München. Deutsche Gesellschaft zur Förderung der Gehörlosen und Schwerhörigen e. V., München

Gebhard, W. (1992): Die Assoziationsmethode nach McGinnis. Eine therapeutische Alternative bei schweren Sprachentwicklungsstörungen. In: Kegel, G., Arnhold, T., Dahlmeier, K. (Hrsg.): Sprechwissenschaft & Psycholinguistik 5. Beiträge aus der Forschung und Praxis. Westdeutscher Verlag, Opladen, 207–211
Giel, B., Liehs, A. (2010): Unterstützte Kommunikation als Bestandteil der Sprachtherapie. Unterstützte Kommunikation 2, 7–11
Giel, B., Maihack, V. (Hrsg.) (2008): Sprachtherapie & Mehrfachbehinderung. Tagungsbericht zum 9. wissenschaftlichen Symposium des dbs e. V. Prolog, Köln
Gray, C. (2004): Social Stories 10.0. The New Defining Criteria and Guidelines. Jenison Autism Journal 15 (4), 2–20
Grohnfeldt, M. (2007): Sprachheilpädagogik. In: Grohnfeldt, M. (Hrsg.): Lexikon der Sprachtherapie. Kohlhammer, Stuttgart, 308–311
Günther, W. (2000): Lesen und Schreiben an der Schule für Geistigbehinderte. Grundlagen und Übungsvorschläge zum erweiterten Lese- und Schreibbegriff. verlag modernes lernen, Dortmund

Häußler, A. (2008): Der TEACCH-Ansatz zur Förderung von Menschen mit Autismus. 2. Aufl. Borgmann Media, Dortmund
Hayden, D., Eigen, J., Walker, A., Olsen, L. (2010): PROMPT: A Tactually Grounded Model. In: Williams, L., McLeod, S., McCauley, R. (Hrsg.): Interventions for Speech Sound Disorders in Children. Brookes Publishing, Baltimore
Heim, M. (2001): Nauwelijks sprekend veel te zeggen. Een studie nar de effecten van het COCP-programma. LOT, Utrecht
Hollenweger, J. (2008): ICF-CY – Neue Zugänge zur Diagnose und Therapie von Kindern mit Mehrfachbehinderungen. In: Giel, B., Maihack, V. (Hrsg.), 61–80

Kaiser-Mantel, H. (2012): Sprachtherapeutische Handlungsmöglichkeiten für Kinder mit Autismus-Spektrum-Störung. Praxis Sprache 3 (1), 28–36
Kaiser-Mantel, H., Schelten-Cornish, S. (2009): Sprachentwicklung ist mehr als Kinderspiel. Hilfen für Sprachanfänger. Informationsbroschüre des dbs, Moers
Kaiser-Mantel, H., Schelten-Cornish, S. (2008): Interaktive Sprachtherapie mit Elterntraining (FiSchE). Möglichkeiten und Grenzen in der Arbeit mit mehrfachbehinderten Kindern. In: Giel, B., Maihack, V. (Hrsg.), 193–209

Kempcke, A. (1980): Die Assoziationsmethode von McGinnnis. Ein Programm zur Behandlung zentral-organischer Sprachentwicklungsstörungen. Stimme-Sprache-Gehör 4, 165–168

Kristen, U. (2004): Praxis Unterstützte Kommunikation. 5. Aufl. Selbstbestimmtes Leben, Düsseldorf

Lell, M. (2011): Autismus-Spektrum-Störungen (ASS). In: Nonn, K. (Hrsg.), 140–150

Lell, M. (2007): Unterstützte Kommunikation: Antrieb oder Bremse für die Sprachentwicklung? Forum Logopädie 21 (4), 6–13

Maihack, V. (2004): Sprachheilpädagogik und Sprachtherapie. Eine kritische Bestandsaufnahme sowie Anregungen zur Konzeptualisierung des Faches. In: Baumgartner, S., Dannenbauer, F., Homburg, G., Maihack, V. (Hrsg.): Standort: Sprachheilpädagogik. verlag modernes lernen, Dortmund, 99–197

Mall, W. (2008): Kommunikation ohne Voraussetzung mit Menschen mit schwerster Behinderung. 6. Aufl. Winter, Heidelberg

Mesibov, G. B., Schopler, E., Shea, V. (1994): Structured teaching. In: Schopler, E., Mesibov, G. M. (Hrsg.): Behavioral Issues in Autism. Plenum Press, New York, 195–207

Motsch, H. J. (1996): Sprach- oder Kommunikationstherapie. In: Grohnfeldt, M. (Hrsg.): Handbuch der Sprachtherapie. Band 1: Grundlagen der Sprachtherapie. 2. Aufl. Spiess, Berlin, 73–95

Nonn, K. (2011): Unterstützte Kommunikation in der Logopädie. Thieme, Stuttgart / New York

Noterdaeme, M. (2010): Komorbidität. In: Noterdaeme, M., Enders, A. (Hrsg.): Autismus-Spektrum-Störungen (ASS). Ein integratives Lehrbuch für die Praxis. Kohlhammer, Stuttgart, 55–62

Reber, K., Steidl, M., (5/2012): Anlautschriften & Co. Schriften für den Computer. Paedologis, Weiden. In: www.paedalogis.com, 15.04.2012

Renner, G. (2004): Theorie der Unterstützten Kommunikation. Eine Grundlegung. Spiess, Berlin

Rodrian, B. (2009): Elterntraining Sprachförderung. Handreichung für Lehrer, Erzieher und Sprachtherapeuten. Ernst Reinhardt, München / Basel

Sarimski, K., Steinhausen, H. (2008): Psychische Störungen bei geistiger Behinderung. Hogrefe, Göttingen

Sarimski, R. (2011): Diagnostiktest zur Abklärung des Sprach- und Symbolverständnis im Arbeitsfeld Unterstützte Kommunikation – Analyse und Erprobung des TASP. Unveröffentlichte Masterarbeit, LMU München, Lehrstuhl für Sprachtherapie

Siegmüller, J. (2008): Spezifische Möglichkeiten und Grenzen in der Sprachdiagnostik bei Kindern mit Mehrfachbehinderungen. In: Giel, B., Maihack, V. (Hrsg.), 123–146

Schulte-Körner, G. (2007): Depressive Störungen im Kindes- und Jugendalter – Symptomatik, Ursachen, Therapie. In: *http://www.kjp.med.uni-muenchen.de/download/Uebersicht_Depression_2007.pdf*, 18.06.2012

Staatsinstitut für Schulqualität und Bildungsforschung München (ISB) (2009): Unterstützte Kommunikation (UK) in Unterricht und Schule. Hintermaier, München

Von Suchodoletz, W. (2002): Ansprüche an eine Therapie sprachentwicklungsgestörter Kinder. In: Suchodoletz, W. (Hrsg.): Therapie von Sprachentwicklungsstörungen. Kohlhammer, Stuttgart, 11–35

Von Tetzchner, S. (2006): Unterstützte Kommunikation in Europa: Forschung und Praxis. In: Handbuch der Unterstützten Kommunikation. von Loeper, Karlsruhe, 15.002.019–15.002.035

Weid-Goldschmidt, B. (2011): Zielgruppen Unterstützter Kommunikation. In: Bollmeyer, H., Engel, K., Hallbauer, A. Hüning,-Meier, M. (Hrsg.): UK inklusive. Teilhabe durch Unterstützte Kommunikation. von Loeper, Karlsruhe, 279–298

Wiese, J., Rascher-Wolfring, M. (2010): Taktiles Gebärden. In: ISAAC (Hrsg.): Handbuch der Unterstützten Kommunikation. von Loeper, Karlsruhe, 02.030.001–02.035.001

Wildegger-Lack, E. (2011): Therapie von kindlichen Sprachentwicklungsstörungen (3–10 Jahre). Ernst Reinhardt, München / Basel

Wilken, E. (2002): Präverbale sprachliche Förderung und Gebärden-unterstützte Kommunikation in der Frühförderung. In: Wilken, E. (Hrsg.): Unterstützte Kommunikation. Eine Einführung in Theorie und Praxis. Kohlhammer, Stuttgart, 29–46

Whitehead, M. (2007): Sprache und Literacy von 0 bis 8 Jahren. Bildungsverlag EINS, Troisdorf

Bildnachweis

Fotos und Abbildungen im Innenteil:

Abb. 5: LBG-Gebärden nach Inge Fürsich-Eschmann 1989

Abb. 6: McGinnis Mod. nach Renate Meir

Abb. 7: VediT © Anne Schulte-Mäter

Abb. 8, 9: © Boenisch / Sachse 2011, www.fbz-uk.uni-koeln.de, Version 2.0; METACOM: Symbolsystem zur Unterstützten Kommunikation, Version 5.0, © Annette Kitzinger, 2000–2011, *www.metacom-symbole.de*

Abb. 10: © Boenisch / Sachse 2011, www.fbz-uk.uni-koeln.de, Version 2.0; The Picture Communication Symbols © 1981–2012 by Mayer-Johnson LLC. All Rights Reserved Worldwide. Used with permission. Boardmaker is a trademark of Mayer-Johnson LLC. Dynavox Mayer-Johnson, 2100 Wharton Street, Suite 400, Pittsburgh, PA 15203, Phone: 800–588–4548, Fax: 866–585–62620, mayer-johnson.usa@mayer-johnson.com, *www.mayer-johnson.com*

Abb. 11–18, 20–22, 25, 26, 28, 29, 31–36, 38, 45: METACOM: Symbolsystem zur Unterstützten Kommunikation, Version 5.0, © Annette Kitzinger, 2000–2011, *www.metacom-symbole.de*

Abb. 19, 23, 24: The Picture Communication Symbols © 1981–2012 by Mayer-Johnson LLC. All Rights Reserved Worldwide. Used with permission. Boardmaker is a trademark of Mayer-Johnson LLC. Dynavox Mayer-Johnson, 2100 Wharton Street, Suite 400, Pittsburgh, PA 15203, Phone: 800–588–4548, Fax: 866–585–62620, mayer-johnson.usa@mayer-johnson.com, *www.mayer-johnson.com*; Fotos: Maximilian Gutmair

Abb. 30: The Picture Communication Symbols © 1981–2012 by Mayer-Johnson LLC. All Rights Reserved Worldwide. Used with permission. Boardmaker is a trademark of Mayer-Johnson LLC. Dynavox Mayer-Johnson, 2100 Wharton Street, Suite 400, Pittsburgh, PA 15203, Phone: 800–588–4548, Fax: 866–585–62620, mayer-johnson.usa@mayer-johnson.com, *www.mayer-johnson.com*

Abb. 39, 44: Fotos: Maximilian Gutmair und Gertraud Strasser

Abb. 40, 46: Fotos: Maximilian Gutmair

Abb. 41, 42: The Picture Communication Symbols © 1981–2012 by Mayer-Johnson LLC. All Rights Reserved Worldwide. Used with permission. Boardmaker is a trademark of Mayer-Johnson LLC. Dynavox Mayer-Johnson, 2100 Wharton Street, Suite 400, Pittsburgh, PA 15203, Phone: 800-588-4548, Fax: 866-585-62620, mayer-johnson.usa@mayer-johnson.com, *www.mayer-johnson.com*; Fotos: Maximilian Gutmair

Abb. 43: METACOM: Symbolsystem zur Unterstützten Kommunikation, Version 5.0, © Annette Kitzinger, 2000–2011, *www.metacom-symbole.de*; Foto: Maximilian Gutmair

Zusatzmaterial:

1a, 1b: PMS modifiziert nach Hildegard Kaiser-Mantel und Karin Reber; Anlautschriften-Zeichensätze: Reber, K., Steidl, M. (5/2012): Anlautschriften & Co. Schriften für den Computer. Paedalogis, Weiden. *http://www.paedalogis.com*; Fotos: Gertraud Strasser und Maximilian Gutmair

2a, 2b: Sarimski, Ruth (2010): Unveröffentlichte Masterarbeit

3: Beispielseiten aus der Förderschule und Heilpädagogischen Tagesstätte der Helfenden Hände gemeinnützige GmbH, zusammengestellt von Cordula Birngruber 2009

4: Buchstaben Blickwahl-Tafel nach ISAAC Standard, Anlautschriften-Zeichensätze: Reber, K., Steidl, M. (5/2012): Anlautschriften & Co. Schriften für den Computer. Paedalogis, Weiden. *http://www.paedalogis.com*

5a: Text: Hildegard Kaiser-Mantel; Anlautschriften-Zeichensätze: Reber, K., Steidl, M. (5/2012): Anlautschriften & Co. Schriften für den Computer. Paedalogis, Weiden. *http://www.paedalogis.com*; Illustrationen: Elke Steinbach

5b: Text: Hildegard Kaiser-Mantel; Anlautschriften-Zeichensätze: Reber, K., Steidl, M. (5/2012): Anlautschriften & Co. Schriften für den Computer. Paedalogis, Weiden. http://www.paedalogis.com; METACOM: Symbolsystem zur Unterstützten Kommunikation, Version 5.0, © Annette Kitzinger, 2000–2011, *www.metacom-symbole.de*; LBG-Gebärden nach Inge Fürsich-Eschmann 1989

6: Text: Hildegard Kaiser-Mantel; Illustrationen: Elke Steinbach

7: LBG-Gebärden nach Inge Fürsich-Eschmann 1989; grafische Symbole nach dem Vorbild von Maria Montessori und METACOM: Symbolsystem zur Unterstützten Kommunikation, Version 5.0, © Annette Kitzinger, 2000–2011, *www.metacom-symbole.de*

Sachregister

Abrufhilfe, Assoziations- und Erinnerungshilfe 18, 52
Adaptionshilfen 38
AD(H)S 52, 84, 93, 126 f
Arbeitshaltung 90
Assoziationsmethode n. McGinnis 52 f
–, McGinnis Mod. 53
auditive Merkspanne 30, 46, 83
Augensteuerung (s. a. Blickwahl) 50, 72 f, 134 f
Auswahlverfahren (Scanning) 69 f, 44 f
–, direktes Auswählen 70
–, indirektes Auswählen 71 f
　　–, Körperscanning 75
　　–, manuelles Scanning 72
　　–, Partnerscanning 71
　　–, Scanningverfahren durch Blickwahl 72 f
　　–, Zwei-Tasten Scanning 72
Autismus-Spektrum-Störung 49, 52, 54, 73, 75, 78, 79, 91, 93, 95, 122 f
–, Komorbidität 83

basale Stimulation 24, 26
basale Kommunikation 24, 26
Behindertengleichstellungsgesetz 142
Belohnungssystem 87, 90
Bezugspersonen 96 f, 105, 107
Bild-Objekt-Austausch-Verfahren 49, 75 f
Bilder-Lern-Geschichte 93 f, Zusatz 6
Blickwahl (s. a. Augensteuerung) 72 f, 134 f
– Rahmen 73, Zusatz 4
– Tafel 73, Zusatz 4

COCP Partnertrainingsprogramm 104
contingency maps 88

Diagnostik 43 f
–, Auswahl 44 f
–, Besonderheiten 48 f

Echolalie 122 f
elterliche Didaktik, intuitiv 96
elterliche Kompetenz 96
Epilepsie 122 f, 128 f

Fingeralphabet (FA) 30
FiSchE (frühe interaktive Sprachtherapie mit Elterntraining) 104
fragiles X-Syndrom 120 f

Gebärden 107 f, 112 f, 114 f, 116 f, 118 f, 120 f, 130 f
–, Definition 13
–, Deutsche Gebärdensprache (DGS) 28
–, lautsprachbegleitende Gebärden (LBG) 29
–, lautunterstützende Gebärden (LUG) 30
Gebärdensysteme 28
Gesprächsregeln 87
Gesprächsstrategien (s. a. Modellierungstechniken) 97 f
Gesten 28
GuK (Gebärden unterstützte Kommunikation) 30
Gutachten 144, Zusatz 8

handlungsorientierter Therapieansatz (HOT) 57
Handzeichen 28
–, Definition 28
–, taktile 31 f
–, visuelle 28
Hilfsmittel
–, Begriffsklärung 142
–, Richtlinien 142, 145
–, Verordnung 143
Hilfestellung, systematische 76, 104
Hinweisreize
–, nonverbale 123 f

–, taktile (physische Unterstützung, Schatten) 35, 76, 103, 130 f, 49, 97
–, taktil-kinästhetische 54 f, 109 f, 128 f
–, verbale 123 f

ICF (internationale Klassifikation der Funktionsfähigkeit) 14, 43, 44
Identitätsentwicklung 83
infantile Cerebralparese 16, 17, 73, 134 f
Integration 81, 138
Intelligenzminderung (kognitive Beeinträchtigung) 16, 33 f, 35, 40, 41, 63, 70, 83, 97, 103, 122 f, 129 f, 132 f
Interdisziplinäre Zusammenarbeit 104, 139
Intervention
–, kommunikationszentriert 124
–, psychotherapeutisch 95
–, verhaltenstherapeutisch 75, 84, 106
ISAAC (-GSC) 12, 140

Ja-Nein-Konzept 71, 132

Kommunikation
–, Definition 13
–, multimodal 42
Kommunikationsanlässe 102, 107, 108 f, 110 f
Kommunikationsbuch 67 f
Kommunikationsformen 24 f
–, elektronische 25, 37 f
    –, mit Sprachausgabe 25, 39 f
        –, Geräte mit dynamischer Oberfläche 25, 40, 137 f
        –, Geräte mit statischer Oberfläche 25, 39
    –, ohne Sprachausgabe 25, 39 f
–, körpereigene 24 f,
–, körperfremde, hilfsmittelgestützte 25, 33 f
–, nicht-elektronische 25, 33 f
Kommunikationsstörung 121 f
Kommunikationstafel, -ordner 59, 60 f, 132 f, 141
–, Kölner Kommunikationsmappe 60 f, 141

kommunikative Kompetenzstufen 16–17, Zusatz 8
Konsequenz 90
–, künstliche 90
–, natürlich, soziale 90
Kosten (Finanzierung) 139, 142 f
–, Ablehnung / Widerspruch 144
–, Nutzen-Verhältnis 41
–, Träger (Sachaufwandsträger) 142 f
–, Voranschlag 143
Kritzelbriefe 82, 47

late talker 59
Lautsynthese 53, 54, 128 f
Literacy 81

Markierung
–, auditive 114 f
–, morphologische 31, 32, 80 f, 118 f
Menschenbild, humanistisch 14, 90, 139
Methodenkombination 106 f
Minimalpaarmethode 79, 110
Modell (s. a. Vorbild) 64, 97, 104, 108
Modellierungstechniken (s. a. Gesprächsstrategien) 97 f
Motivation 109 f
Mutismus, selektiv 73, 124 f

Partizipation (Teilhabe) 14, 38, 81, 95, 106, 138
PECS (Picture Exchange Communication System) 75 f
phonologische Bewusstheit 77, 81
phonologische Störung 52, 112 f
PMS (Phonembestimmtes Manualsystem) 31, 56, 100, 109 f, 128 f, 134 f, Zusatz 1a, 1b
–, PMS-Handzeichenschrift 31
Praxisausstattung 139 f
PROMPT (Prompts for Restructuring Oral Muscular Phonetic Targets) 54 f, 109 f, 128 f

Ritual / Routine 86, 102, 123 f
Rückkoppelung
– auditiv 40, 79, 54, 98
– multimodal 101

Satzstreifen 79 f
Schriftsprache 81
Selbstwirksamkeit 78, 85
Sinnesbeeinträchtigung 49
– Hörbeeinträchtigung 49, 97 f, 112 f
– Hörsehbeeinträchtigung 31
– Sehbeeinträchtigung 35, 49, 75
SETK, adaptierte Version 49
Social Stories, soziale Anleitung 93 f, Zusatz 6
sozialemotionale Entwicklung 83
spezifische Sprachentwicklungsstörung (sSES) 15, 114 f
Sprache 13
Sprachtherapie 19 f
–, Auftrag 21
–, Definition 21
Sprechbewegungsplanung 55, 56
SPO-Struktur 79
Strichcodelesegeräte (B.A.Bar, Anybook Reader) 40, 77, 81
Strukturierung (s. a. Visualisierung) 85 f
Symbolsammlungen 36, 141
Symbolsysteme
–, dreidimensional, tastbar 25, 33, 49
–, zweidimensional, graphisch-visuell 25, 35
Symboltafel (s. a. Kommunikationstafel) 60 f, 132
Symbolverständnis 25, 26, 68, 70, 129, 132 f

TASP (Test of Aided-Communication Symbol Performance) 50
–, Beispiel einer Testauswertung Zusatz 2b
–, modifizierte Testanweisung Zusatz 2a
TEACCH (Treatment and education of autistic and related communication handcapped children) 85
Theory of mind 91
TRANS-PIKS (Transfer von Symbolen – ein alltagsnahes Programm zum interaktiven Kommunikations- und Sprachtraining) 77 f
Trisomie 21 112 f, 118 f

Umfeldkontrollgeräte 25, 38
Unterstützte Kommunikation 12, 21
Ursache-Wirkungszusammenhang 38

verbale Entwicklungsdyspraxie 16, 17, 52, 56, 59, 109 f
Vereinfachung
–, vereinfachte Gebärden 29, 108
–, vereinfachte Zielstruktur 56
–, vereinfachtes Phonemmaterial Zusatz 5a
VEDiT (verbale Entwicklungsdyspraxie-intensiv-Therapie) 33, 35, 128 f
Verhalten, herausfordernd, oppositionell 83 f
Verhaltensanalyse 84
Verhaltensphänotyp 51
Verhaltensweisen
–, erwünschte 88 f
–, unerwünschte 88 f
Visualisierung
–, der Artikel „der", „die", „das" 30, 116 f, Zusatz 7
–, von Satzgliedern 32, 114 f, 127 f
–, von Schlüsselwörtern 30, 131 f
visuelle Handlungspläne 87 f
visuelle Verhaltenspläne 88 f
Vokabular 58 f
–, Auswahl 58 f
–, Kernvokabular 58, 59
–, kommunikationssteuerndes Vokabular 77
–, Randvokabular 58, 59
–, Zielvokabular 62, 63
–, Zielwortliste 64
Vorbild (s. a. Modell) 64, 97, 104, 108

Wiederholung 56, 98, 99

Zeigegeste 39, 40, 50, 71

ANZEIGE

RehaMedia — We care.

Wir beraten Sie kompetent und herstellerunabhängig

KOMMUNIKATIONSHILFEN · KOMMUNIKATIONSANBAHNUNG
UMFELDSTEUERUNGSSYSTEME · PC-ANSTEUERUNGEN

Durch die enge Zusammenarbeit mit unterschiedlichen Herstellern können wir Ihnen eine besonders breite Auswahl an Produkten anbieten. Unsere Berater haben langjährige Erfahrung im Bereich Unterstütze Kommunikation und beraten Sie gerne kostenlos und unverbindlich. Gemeinsam mit Ihnen finden wir die für Sie optimale Lösung. Wir unterstützen Sie bei der Beantragung und schulen Sie intensiv im Umgang mit den Hilfsmitteln.

SPRECHEN SIE MIT UNS. WIR SIND FÜR SIE DA.
IHR REHAMEDIA-TEAM

RehaMedia GmbH
T 0203 – 393 444 99 | info@rehamedia.de | www.rehamedia.de

Sprachstörungen vorbeugen

Wolfgang G. Braun / Jürgen Steiner
Prävention und Gesundheitsförderung in der Sprachentwicklung
Einführung mit Materialien
Mit Film- und Audiodateien sowie Kopiervorlagen auf DVD.
Mit einem Beitrag von O. Jenni.
(Praxis der Sprachtherapie und Sprachheilpädagogik; 8)
2012. 138 Seiten. 14 Abb. 8 Tab.
(978-3-497-02286-1) kt

Prävention in der Logopädie heißt, nicht abzuwarten bis Sprachstörungen auftreten, sondern Probleme in der Kindersprache früh zu erkennen und Entwicklungsverläufe zum Guten hin zu beeinflussen. Prävention richtet sich auf Entwicklungsvoraussetzungen und -probleme der Sprache. Logopädische Gesundheitsförderung ist jedoch nicht denkbar ohne politischen Willen, gute finanzielle und gesetzliche Rahmenbedingungen. Konkret können Eltern durch sprachförderndes Verhalten vorbeugend tätig werden. Dies zeigt der Film »Mit Kindern sprechen und lesen« auf der DVD, der in der Elternarbeit eingesetzt werden kann.
So spannt das Buch den Bogen von der Theorie zur Praxis, indem es Tools zur logopädischen Früherkennung, Förderung und Elternarbeit vorstellt.

www.reinhardt-verlag.de

»Sie gehte und laufte.«

Elisabeth Wildegger-Lack
Therapie von kindlichen Sprachentwicklungsstörungen (3–10 Jahre)
Mit 95 Arbeitsblättern auf CD-ROM
(Praxis der Sprachtherapie und Sprachheilpädagogik; 7)
2011. 160 Seiten. 50 Abb. 38 Tab.
(978-3-497-02239-7) kt

Kinder im Alter von 3–10 Jahren mit einer spezifischen Sprachentwicklungsstörung sind die größte Gruppe unter den Klienten in der Sprachtherapie. Wie verläuft die normale Sprachentwicklung und welche Störungen treten auf? Welche Prinzipien können das sprachtherapeutische Vorgehen strukturieren? Wie können Therapiesequenzen in verschiedenen Bereichen konkret gestaltet werden?

In der Tradition dieser Buchreihe schlägt die Autorin die Brücke von der Theorie zur Praxis. Eine CD-ROM mit über 90 Arbeitsblättern als PDF-Vorlage ermöglicht die problemlose Übernahme der Therapievorschläge in den Praxisalltag.

www.reinhardt-verlag.de

Dysphonie

Ulla Beushausen / Claudia Haug
Stimmstörungen bei Kindern
(Praxis der Sprachtherapie und Sprachheilpädagogik; 6)
2011. 253 Seiten. 37 Abb. 8 Tab.
(978-3-497-02204-5)

Das Buch vereint kompakt und übersichtlich Theorie und Praxis zur Therapie kindlicher Stimmstörungen. Es behandelt die physiologischen und pathophysiologischen Grundlagen kindlicher Stimmstörungen und mögliche Ursachen.

Der Leser erhält:
- konkrete Anleitung zu Anamnese und Befunderhebung,
- Entscheidungshilfen zur Festlegung der Therapieschwerpunkte,
- Überblick über gängige Therapieansätze,
- praktikable Vorgehensweisen zur Therapie,
- transparente Anleitung für Familiengespräche,
- Kommunikationstrainings mit Kindern,
- Dokumentation und Effektivität in der Therapie sowie
- bewährte Übungen und Materialien u.v.m.

www.reinhardt-verlag.de